姑娘，你努力的样子真好看

璞　玉　编著

吉林文史出版社

图书在版编目（CIP）数据

姑娘，你努力的样子真好看 / 璞玉编著. -- 长春：吉林文史出版社, 2020.5（2024.8重印）

ISBN 978-7-5472-6792-9

Ⅰ. ①姑… Ⅱ. ①璞… Ⅲ. ①女性—人生哲学—通俗读物 Ⅳ. ①B821-49

中国版本图书馆CIP数据核字(2020)第046686号

姑娘，你努力的样子真好看

GUNIANG，NINULIDEYANGZIZHENHAOKAN

编　　著　璞　玉

责任编辑　张雅婷

封面设计　末末美书

出版发行　吉林文史出版社有限责任公司

地　　址　长春市福祉大路5788号

电　　话　0431-81629353

网　　址　www.jlws.com.cn

印　　刷　北京永顺兴旺印刷厂

开　　本　880mm × 1230mm　1/32

印　　张　4

字　　数　80千

版　　次　2020年5月第1版　2024年8月第2次印刷

定　　价　19.80元

书　　号　ISBN 978-7-5472-6792-9

前 言

\PREFACE\

如果你觉得自己是个普通的姑娘，赶紧翻开这本书，它会让你成为一个经济独立、思想独立的女孩，不攀附，不将就，不迎合，不媚俗的女神，活出自己喜欢的模样。

你的人生里有没有出现过这样的时刻：想要奔跑，却不知脚步该迈向何方；站在人生的十字路口，却彷徨不知该走哪一条路？高尔夫球教练总是说："方向是最重要的。"其实，人生何尝不是如此。人生并不是什么时候都需要坚强，毅力和坚持只有在正确的方向下才会有用。若努力的方向错了，毅力和坚持只会让人与成功南辕北辙。大多数情况下，人更需要的是找对方向上。只有这样，努力才有意义。

我们都相信，一个人越努力，就越幸运。但是在这个时代，仅仅努力还不行，还要学会聪明地努力，在万变的现实世界中找到真正适合自己的方法，从而找到努力的"支点"和"杠杆"。聪明地努力，合理地借力，科学地用力，才能拥有自己想要的未来。

成功不会从天而降，它需要我们每天不断地努力、积累。在人生的舞台剧里，做自己人生的主角，演绎自己的人生，不为他人的眼光而活，更不要因畏惧现实而逃避。

不必羡慕别人看似轻易得到的，不要害怕还未发生的，每一个姑娘都要聪明地努力，才会有不俗的未来。这个世界是非常残酷的，表面的平和掩饰不了人与人之间优胜劣汰的自然法则。所以，你必须勇敢，敢于冒险，把握机会。每个人都盼望着未来的自己能幸福、成功，能走上憧憬中的道路，能坐上梦寐以求的位置。其实这一切都可以不只是梦想，因为未来的一切都取决于今天的你，你今天踏出的每一步都在为你的未来奠基。

眼前的世界看起来可能有点儿粗糙，岁月也没那么温柔，当你在不断往前奔跑的时候，愿这本书和你一起数晨昏，细水长流地陪在身边。

目　录

\CONTENTS\

第3章

第4章

第5章

第6章

第1章

愿你喜欢追逐阳光，亦不惧风霜

在叛逆的路上一路狂奔

人的一生里，总要有那么一次逆行，然后摔倒，碰壁，才找到正确的路。

工作中认识一个女孩儿，大学还没毕业，来公司做实习生。人乖巧又勤快，吩咐她做的事都做得很好，和同事相处得也融洽。连平时十分挑剔的经理都夸她，说她不像之前的实习生，事做不好，还总闹小孩儿脾气。

一次聚餐，路上和她聊天，聊到五月天近期来北京巡演的事，她立刻眼睛放光，说她是五月天的超级粉丝，曾经演唱会开到哪儿追到哪儿，一场不落。接着开始历数五月天的出道史，掰着指头告诉我哪些歌堪称经典，又说主唱阿信身上的哪些优点影响了她，他写的哪些歌词给了她正能量，说得手舞足蹈，停不下来。

看着她快要冒出星星眼的兴奋表情，我忍不住笑了，这孩子，是真心喜欢五月天啊。我自己不追星，却理解这种谈论喜欢的人时血流加速、内心激荡、不吐不快的感觉。

然而，五月天演唱会那天，她却早早订好了晚饭便当，坐在办公桌前，干劲满满准备加班。

我很奇怪，问她怎么不去看演唱会。她一笑，早就不追啦。

我更奇怪了，明明那么喜欢他们?

她说，喜欢也有很多种方式。

后来我才知道，原来她追星最疯狂的时候是中学时期。她加入了粉丝俱乐部，追五月天参加的所有电视节目，买登载他们访谈和照片的所有杂志和报纸，翘课去看他们所有大大小小的巡演。她家境尚可，有时撒娇，有时撒泼，父母总能满足她的要求。学业当然一塌糊涂，加上经常缺课，出勤率都不够。好不容易混到高中，终于落到要留级的地步。

父母不准她再追星，她当然不听。不给她钱，她就偷家里的钱，或四处向朋友借；不让她出门，她总有办法偷偷溜出去；打她骂她，她索性离家出走，折腾得天翻地覆。

老师、亲戚、朋友轮番规劝，她谁的话也不听，叛逆得不得了。

终于把爸爸气得心脏病发，进了医院，差点儿救不回来。她跪在病床前痛哭，从此把对五月天的喜欢收进心底。

没错，喜欢也有很多种方式。疯狂地追逐，一场不落地听演唱会是一种方式；让自己活成喜欢的偶像的样子，是另一种方式，而且是更好的方式。

如今，她考上了一所不错的大学，成为一个人见人夸的实习生，以后她当然也会成为一个努力工作的社会新人，努力寻找自己该走的路，就像五月天说的那样：不放弃梦想，好好期待一段精彩的人生旅程。

青春期的叛逆和疯狂早已不见痕迹。

但她说，五月天有一首歌叫《疯狂世界》，她很喜欢。阿信在歌中唱："青春是挽不回的水，转眼消失在指间，用力地浪费，再用力地后悔。"

浪掷青春，然后狠狠后悔。

谁说这不是对待青春最好的方式?

正因为有过那些叛逆和疯狂，她才知道未来该走什么样的路；正因为狠狠后悔过，所以她再也不会做出让自己后悔的事。

后悔，终究好过遗憾。

从来没有糟糕的生活，只有不用心的人

现在过得如何，取决于你过去做了什么；而现在所做的一切，会一点一滴堆砌出未来的模样。一切都是自己的选择。

我的一位女友，是那种长得漂亮、为人又谦和的女孩儿，很讨人喜欢，从大学到职场，向来追求者众多。其中两位追求者最长情：A君家境好，事业有成，待人温柔，成熟稳重；B君英俊潇洒，才华横溢，性格有些孩子气，却最懂浪漫。

女友最终选择了A君。

周围的朋友都喜欢B君，不免为他抱不平，背着她议论纷

纷：还以为她和那些拜金女不一样，看吧，果然还是金钱力量最大，高富帅，重点是富，帅不帅有什么关系。

女友偶尔听到了这些议论，也只是笑笑，并不生气。

一次去星巴克闲坐，终于忍不住问她，真的是因为A君更有钱，才选了他？

女友慢条斯理地抿了口杯中的卡布奇诺，答非所问地说了一句：前阵子，他们俩工作上都有些不顺。

A君是自己开的公司，现金流出了点儿问题；B君则是与顶头上司不和，工作上有诸多摩擦。“工作不顺是常有的事，谁都会遇到，但两个人面对问题的态度，还有对待我的态度，简直天壤之别。”女友说。

那段时间，A君忙得脚不沾地，焦头烂额，与她的联系也变得少了，但他仍然不忘隔天在微信上问候一句。他很坦然地告诉她，公司出了点儿状况，最近太忙，没有时间见面，女友安慰他几句，他就笑说：嗯，别担心，我肯定能渡过难关。

B君因为工作不开心，找她的次数反而变多了。有时在微信里向她抱怨顶头上司性格恶劣，不懂用人。偶尔见面，也总要哀叹自己怀才不遇，女友劝说几句，他就耍脾气：你说得轻巧，我有什么办法，这个社会太不公平了啊，机遇全都给了那些会钻营的人……

听到这里，真相大白。都以为她拜金，其实她拜的是生活。

“你知道吗？那天他和我见面的时候，不仅头发没有打理，衬衣里面的T恤衫也穿反了。”女人真是心细如发。但这些细节已足以说明问题。

人生还长，谁能料到前路上风雨几番？她不愿和一个遇到风雨就满腹牢骚、遇到挫败就理所当然把生活过得一团糟的人携手走过一生，也是理所当然。

从前总以为，我们需要满身金银，才可以把生活打理得美好有趣；以为需要流浪到世界的尽头，才证明自己活得自由。

后来才知，真正的美好和自由是什么呢？应该是你哪怕在人生的低谷里，脸上也仍有笑容，心底仍有希望；是你哪怕活在尘埃里，也可以坚韧地在尘埃里开出花来。

活得美好和自由的前提是，自己决定自己的生活、自己的心情。

网上有一组很火的照片，博主贴出了她的两个同学，一墙之隔的两个姑娘不同的生活：

墙左边的姑娘每天的生活是看泡沫剧，看累了就叫外卖，手头上偶尔有点儿闲钱就去逛街买衣服，她抱怨考试很难过、身材不好没人追、去社交场合没话说。她苦笑指着墙，不像右边那个她，那么好命。可她不知道，墙右边的那个“好命”的姑娘，已经在她看泡沫剧的时候自学了法英西三门外语；“好命”姑娘在社交场合能侃侃而谈，是因为看过的书比她吃的快餐盒摞起来都要高；她攒钱每隔一段时间就去旅行。左边的姑娘跟我抱怨，生活无聊又没趣，“好命”姑娘却告诉我，夏天的时候托斯卡纳的大波斯菊很美。

很简单，现在过得如何，取决于你过去做了什么；而现在所做的一切，会一点一滴堆砌出未来的模样。

一切都是自己的选择。

我们都可以做出选择：选择在拥有健康、美貌、才华、能力时，仍然把生活过得乱七八糟，然后抱怨命运没有给出更好的选择，也可以选择在人生一无所有的时候，打理好自己，过得像一个真正的心灵贵族。

出身、家境不可选择，但生活真的是可以选择的。

你永远可以去选择努力、乐观、快乐、温暖。

或者相反。

最温暖的怀抱是你对自己张开双臂

人这一辈子，山迢水远，走到最后，都只是“自己”两个字，能对你的幸福负责的，也只有你自己。

大学一位学姐，读书极有天分，志在成为专业领域的研究型学者，读完研究生，打算继续读博深造。谁知这个决定换来母亲一通哭天抢地，“你再读下去，哪个男人还敢娶你？”

学姐很难过，在微博上说：为什么嫁人比做自己想做的事更重要？为什么找一个男人比实现自我的价值和追求事业的成功更重要？

庆幸的是，她没有妥协，以一股发狠的劲头告诉母亲：哪怕一辈子不结婚，我也要做我想做的事！

读博期间，她申请到国外一所名校的访问生名额，出国不久，又在那边参与了一个研究项目，与担任助手的欧洲留学生相恋，事业爱情两不误。

女人的归宿是什么？不是男人、爱情、家庭。

女人的归宿，是自己。

任何人的归宿都应该是自己。

人这一辈子，山迢水远，走到最后，都只是“自己”两个字，能对你的幸福负责的，也只有你自己。

如蒋方舟在《为什么要成为妖孽》里说的：女人修炼自己，不是为了在爱情里功成身退，安身立命，而是为了不需要爱情和男人，也可以活得骄傲自由。

你当然可以追求爱情，但要在独立、自由、快乐、骄傲的前提下，找到一个和你并肩、与你对话的人。

否则的话，请你回过头来修炼自己：旅行、读书、处理工作及家事。追求梦想，实现价值，存足够的钱，为自己一掷千金，滋养自己的容貌、生活和心灵。

女人，这才是你要拼命修炼自己的原因——

为了有朝一日你有更多的选择，有对人生一切不合心意的事说“不”的权利。

要有多努力，才能自信微笑

以最好、最美的姿态站在所有人面前，云淡风轻，自信微笑，这是你我在暗夜里孤独前行、咬牙撑过所有痛苦的动力。

每次回家，都会跟发小儿见面。

她和我年纪相仿，早早结婚生子，如今她的儿子追着我叫阿姨，让我深刻感觉我与她已身处两个完全不同的世界。

但两个人夜里挽着手去逛街，逛累了心有灵犀地走进茶楼，

VIP茶座丝绒帘幕一拉，一杯香薰花草茶入口，百无忌惮聊起来，便知道她仍是当年那个爱漂亮、善良温柔、心思单纯得教人心软的女孩。

她说：“我喜欢你的自由。”

我开玩笑：“自由也有代价，你看，我挣得比你多，花得也比你多，未成家，未立业，人生仍是一盘散沙。”

她不同意：“可是你一个人生活，不受拘束，靠自己挣钱，做自己想做的事，爱自己想爱的人，这已是最大的幸福。”

年纪轻轻结婚生子，要处理复杂的人际关系，要忍受家常琐碎，要面对漫长而茫然的未来，我能想象。

她受了委屈，只能一个人哭，这我也知道。

有时，看到她发朋友圈倾诉烦恼，除了安慰，我别无他法。

再好的朋友，也不能分担彼此的人生。

所以，她也并不知道我独自在外忍耐了什么，熬过了什么，才有今日这般自在幸福的模样。

不知道我要有多努力，才能换来她一句发自内心的“喜欢”“羡慕”。

人生大抵如此。

能放在台面上来说的，永远是外表的光鲜。

光鲜背后的辛苦努力，只能独自默默坚持。

想要在舞台上闪耀光彩，就得付出常人难以忍受的努力。

想要在聚光灯下万众瞩目，就得忍受众人对你的挑剔。

想要让人艳羡你自由自在的生活，就得对那自由背后的孤独和辛苦保持沉默。

这世上，从来没有“唾手可得”这回事。

他人眼里看起来唾手可得、值得羡慕的一切，其实你不知为它熬过多少夜、流过多少泪。但我们一定都宁愿对那些暗夜里的孤独和眼泪绝口不提，只让世人看到我们的骄傲，用掌声和赞美来满足虚荣，而不必让任何人来同情我们经受的苦。

因为，以最好、最美的姿态站在所有人面前，云淡风轻，自信微笑，这是你我在暗夜里孤独前行、咬牙撑过所有痛苦的动力。

邻居家的姑娘，比我年纪小，高中毕业就离家在外闯荡，至今还没回过家。

我们在同一座城市工作生活，离得最近的时候，只有三站地的距离，却从未见过面。只偶尔在彼此的社交账号上点赞留言。

也邀请过她：周末要不要一起喝个咖啡，吃个饭。

她总是干脆利落地拒绝，不给理由。

其实我知道。

姑娘从小想进演艺圈，长得却不算美，也没有过人的才能。父母不同意，苦口婆心劝过，打过骂过，她却倔得很，一毕业就走了，发誓不成名不回家。

她这个誓发得毒，岂止不回家，连我这个邻居家的姐姐都不肯见。

大概是怕见到我，想起父母，动摇她坚定的决心。

一开始，当然是四处打工，攒够了打工费，在表演班报了名，上课、打工之余，到处去参加试镜，也尽量争取演路人的机会。

一年过去，两年过去了，日子依然过得紧巴巴，梦想也依然遥不可及。

第三年，她终于给我发信息，问我方不方便见面。

我恰好在外面，便和她约在车站见面。她匆匆跑过来，整个人瘦了很多，留一头利落的短发，虽然仍然不够美，看起来却比以前有味道。她说最近开始在剧场里打工了，也许有机会能演个舞台剧的配角。

搓着手支支吾吾半天，她终于切入正题。原来是想借钱。数额并不大，看来真的是很窘迫了。

我没有多说什么，如数借给她。她千恩万谢地收下了。

“真的打算不成名不回家吗？”我问她。

她立刻绷起脸，重重地点头。

“不辛苦吗？”

辛苦。她满脸写着这两个字。但一开口，说的却是倔强天真得令人心疼的话：“不辛苦。总有一天我要让他们在电视上看到我，总有一天我要带着经纪人，穿最美的衣服，开最好的车回家，让所有人都看着我尖叫，求我签名合影。”

看着她那张多少还有些稚嫩的脸庞，我想起张爱玲年轻时候说过的话：“成名要趁早呀，来得太晚的话，快乐也不那么痛快。”

为了成名，为了让人另眼相看，努力的动机或许不够成熟，却足够真实。

谁规定梦想一定要高尚纯洁？衣锦还乡的荣耀、渴望被万人敬仰的虚荣心，给你带来的动力或许更大呢。人后努力，就是要为了有朝一日站在人前轻描淡写或者扬眉吐气，这有什么不好？

我们很努力，是为了让自己看起来不费力。

这样就好。

时光终会变成豁达的海

深秋的一天，和海米在咖啡馆闲坐，店内放着慵懒的蓝调，是那位爱弹吉他的老板一贯的风格。

海米刚刚从维也纳巡演回来，此时正四仰八叉躺在沙发上，放松着浑身筋骨。

“在那边遇见妮妮了。”她忽然说。

“妮妮？”

我脑子里还在思考着妮妮是谁，海米已是一脸怀念的表情。

“嗯，她定居在罗马，经常在欧洲的一些剧场演出。”海米声音低下去，“遇见她时，她说她刚刚离婚，看起来过得并不好。”

啊，想起来了。

海米那时是舞蹈系的艺术生，系花级的人物。

学舞蹈的习惯让她走路时永远轻踮脚尖，如仙子凌波微步，轻盈美好。她喜欢把头发盘起来，微微昂起头，脖子白皙修长，腰背曲线极其优美。即使只是穿一件简单的白色T恤衫走过校园，也像一只优雅的白天鹅，迷人得不得了。

直到另一所学校的交换生妮妮出现。

至今回想起来，我仍然觉得那是我所见过的最惨烈的一场比较。

可怜的海米，在一个长得更漂亮、皮肤更白皙、身材曲线更优美、笑容更明媚、待人更亲切，连舞都跳得比她更好的女孩子面前，一败涂地。

人最怕的，其实不是天差地别，而是“只差一点点”。

你不会恨自己不像好莱坞女星那样名利双收，豪车别墅，天生好基因，找的男友老公永远是高富帅，生下的孩子无论男孩女孩都可爱得无以复加，却会嫉妒闺蜜的男友比你的男友好那么一点点，和你一起毕业的同窗薪水比你高那么一点点。

一点点的距离，才叫人绝望。

后来，海米不止一次地想过，如果没有妮妮在，该有多好。

那样的话，自己就仍是系花，仍然可以骄傲地在所有人迷恋的注视下走过，而不必在这种不堪的比较下，眼看着所有的自信都裂成碎片。

系花的头衔落到了妮妮身上，围在自己身边的朋友，转移到妮妮身边，原来暗恋自己的男生，目光开始投向妮妮，就连竞争舞蹈比赛的参赛名额，她都比不过妮妮。

那段时间，每天醒来，她的脑子里都想着再也不要去舞蹈教室了，每一秒，她都觉得自己快撑不下去了。

她不敢承认，自己其实已经嫉妒得快要抓狂了。

有人说，嫉妒心人人都有，就连最好的朋友之间都不能幸免。

这话说得一点儿都没错。

你工作不顺，恋爱不顺，处处不顺，陷在生活的低谷，而身边的朋友却都过得顺风顺水，朋友圈里各种晒美食、晒旅行、晒恩爱、晒高薪，每个人看起来都比你过得好，你能忍住不去嫉妒？好吧，说好听点儿，是羡慕。

羡慕也好，嫉妒也罢，都有高下之分。

而当年海米心底熊熊燃烧的嫉妒之火，到底还是让她走向了最坏的结局。

那年，为了参加一场大型跨年晚会，系里决定排演一出现代舞。舞蹈老师说，最好是独舞，独舞比较有看头。

“由妮妮来跳。”

老师干脆利落地确定了人选。

海米低着头冷笑，连选择的机会都不给？

“老师，您看这样行不行？我们所有人先各自练习一小段，然后在您面前表演，由您来选出最佳人选。”

海米惊讶地看向说话的人，居然是妮妮。

“可是……”舞蹈老师有点儿犹豫。

“每个人都有她擅长的部分，也许其他人比我更适合这场独舞呢？”妮妮好声好语。

那种复杂滋味很难说清楚，别人给了一条生路，满心的不爽，但也忍不住庆幸：总算还是有了生路。

那天以后，海米开始夜以继日地拼命练习。

一定要拿下这个角色。

这几乎是她证明自己的唯一希望。至少她以为是。

可惜舞蹈老师最终指定的人选，仍是妮妮。谁都能看得出来，明明是她比妮妮跳得更好。每一次旋转，每一个转身，每一个细微到指尖的动作，都是她的动作更到位，感情更饱满，眼神更深邃。

不过就是因为妮妮比她高了0.2厘米，比她轻了0.5公斤，比她漂亮了1%，她就永远翻不了身吗？

拼尽全力之后的不公平落选，对一个18岁的少女来说，无异于世界末日。

伤心、难堪和绝望，对妮妮的强烈嫉恨，终于让她做了傻事。

晚会那天，她偷偷买了安眠药，融在一大杯冰糖雪梨水中，妥妥地用保温壶装着。在后台，她主动找妮妮搭话。

妮妮露出一脸欣喜的表情："以前和你说话你都不理我，我还以为你讨厌我呢。"

当然讨厌你。海米在心里说。脸上却笑着，说些言不由衷的话，夸赞，祝福，哄着她把那杯暖暖的糖水喝下去。

最后，妮妮晕倒在舞台上，被救护车送到医院，演出中断。

安眠药剂量有点儿大，整整一周之后，妮妮才再次出现在学校。

没有人知道是怎么回事。辅导员只是简单地解释了几句"压力过大""疲劳过度"之类的话，就不再提及。

只对视一眼，海米就知道，完了。

妮妮心知肚明。

这些事我都是后来才得知。

海米跟我一点点坦然讲述时，脸上表情逐渐从沉重阴郁变成如释重负。而我，却恨不得回到晚会当天拉住她，最好能一个耳光打醒她，叫她别做傻事。却又忍不住心疼她，想要抱抱她，告诉她生活真的没有她想象中的那么绝望。

真是傻死了，毁掉一个比你更好的人，并不能让你变成更好的人啊，你明明这么漂亮，明明是这么好的一个人……

我抱着海米哭。而她只是不停地重复着：我知道，我知道……

再见到妮妮，是海米跟着剧团出国巡演之时。

忙乱的后台，各种肤色和面孔会聚在那里。海米换好舞服，一眼就认出了坐在角落里的妮妮。这么多年过去了，她没多大变化，只是看上去有一点儿疲惫。海米那时在巡演中担纲一场独舞，服装是特别设计的汉服，复古的流苏挂满全身。她就穿着这身衣服，紧张地走过去和妮妮打招呼。

她一直没有向妮妮道过歉。

妮妮出院回学校之后，事情的真相立刻传开了。从那以后，所有人都用嫌恶的眼光看海米，再也没有人愿意接近她。

受不了那样巨大的压力，海米办了休学手续，整整一年，她把自己关在家里，听说妮妮又参加了什么比赛，拿了什么奖，又去了哪里演出，她连恨都没力气了，只是一遍又一遍地骂自己蠢。

再次入学时，妮妮已经离开。海米放弃了交朋友的打算，一心一意学习，好不容易熬到毕业，海米因为底子不错，也很努力，考进国内有名的舞蹈剧团，只是在这时，她听说妮妮已经准备出国留学了。

海米心灰意懒，既然比不上，那就再也不比了。

此后在剧团里从伴舞到领舞，参加世界性的巡演，一路走过来，辛苦当然有很多，她却觉得所有的辛苦加起来，都不及当年。

处处活在妮妮阴影下的青春年岁，觉得自己无路可走的绝望，以及融化在那杯冰糖雪梨水中的恶毒，几乎是她人生最大的噩梦。

妮妮听到招呼，睁开眼，看到海米满身缀着的流苏，忽然笑了："这服装太有创意了。"

毫无芥蒂的模样。

坐下来说些闲话，谁都不提当年。

"没想到你会主动来和我说话，我一直以为你讨厌我。"妮妮忽然说。

多年的时光轰隆隆在心上碾过，海米忽然鼻子一酸，很想哭。

迟来的"对不起"，终于说出口。

妮妮看着她，许久才说："你可能不知道，那个时候我也很嫉妒你。"

海米愣住：怎么可能？

"是真的，你当时是系花，那么受欢迎，人又长得甜美可爱，舞跳得那么好，而我呢，刚刚转学过来，人生地不熟，谁都不认识，心里其实很不安，所以那段时间我为了超过你，真的很努力很努力。可能你觉得自己不如我，很嫉妒我，心里很不爽，但站在我的立场上，我也不想比你差，我也会想要变得比你更受欢迎、更优秀啊。"

妮妮红了眼眶，伸出双手捂住脸。

"该说对不起的人，是我。"

真傻呀。都是傻孩子。

彼此交付的，都是生命里最懵懂无知，又最残酷的青春年岁。

演出结束后，两个人在维也纳街头手挽手散步，夜空中星星闪烁。

妮妮说，她一直在跳自己喜欢的现代舞，前两年遇到一个很渣的搞艺术的男友，结了婚不到一年就被家暴，刚离了。

海米说，她也一直在跳自己喜欢的现代舞，这几年一直没遇到心仪的男人，总觉得自己一辈子都要单身了。

各自都到了这样的年纪，梦想终于变成现实，而生活的况味，却是一样的复杂难言。

两人终于相视一笑。

“青春不再来，少年你莫伤怀。时光它讲啊，当回忆沉淀下来，就会变成豁达的海，长满新的期待。”

隔着那么多年的时光，她们终于可以彼此原谅。

一个“你”的距离

十几岁的年纪里，记得最深的当然是懵懂青涩的爱情。

我那时暗恋足球队队长。那个白皙干净的少年和我同班，整个高一都坐在我身后的位置，会借我的笔记和作业去抄，会露出灿烂的笑容对我说“谢谢”，会和我讨论新的足球队名，赢了比赛时，回到教室会向我比一个“Yeah”的手势。

暗恋的感觉，就像夏天里喝下冰甜的汽水，每一个气泡都写满快乐。

只是，不知有多少人在青春的年纪喜欢上一个人，却永远止步于暗恋。绝对不跨出那一步，要把心意藏得严严实实，要隔着一颗心那么远的距离，才足够安全。所以那时，我对他总是冷冰冰，他当然从来都不知道我喜欢他。

日后想起来，青春的暗恋，错过和遗憾，总是美好忧伤得如泣如诉。

对此，里里的评价只有两个字："矫情。"

里里从来不暗恋。她要是喜欢谁，第一件事就是约出来告白，同意就在一起，不同意就拉倒。

简单粗暴，干脆利落。

我多喜欢那时的她，明明是个柔柔弱弱的女孩子，却帅气得不得了。

一直记得她说过的梦想："长大后我要满世界去游荡，在喜欢的地方逗留，靠打工养活自己，然后攒钱去下一个地方，钱花完了就继续打工，走遍整个地球。"

我当时被这个梦想惊艳到了。真是个闪闪发光的梦想啊。

上大学以后，里里开始摩拳擦掌地筹划第一次远行。她说，趁着暑假的时间，可以先去附近的几个城市。

很快暑假到了，里里却一直窝在家里。问她去了哪里，她说，在家待着。又解释说：太热了啊，而且我已经中暑好几次了，要是在人生地不熟的地方倒下，那就糟了。

嗯，我说，身体不好自然要好好休息。

没想到这只是开始。

此后，大学四年，四个暑假，四个寒假，四个"十一"长假，除了系里组织的实习，里里几乎哪里都没去。每一次，她都有言之凿凿的理由——学业太忙，身体不适，天气不好，时机不对，忙着实习，忙着毕业答辩，忙着找工作。

终于开始工作了，每年年假，里里也总是待在这个她熟悉到入骨的城市里，从不曾迈出一步。

那个走遍整个地球的闪闪发光的梦想呢？

太不现实了。里里说，她要忙着充电啊，万一丢了工作怎么办，最近爸妈开始催婚，她还得忙着去相亲。

这个曾经在爱情里简单粗暴的姑娘，找起借口来也是相当地干脆利落。

现在，我已经不再问她那个满世界游荡的梦想去了哪里。偶尔，她看新闻，看到谁花几万块钱环游了世界，谁骑行穿越了青藏高原，谁又辞了职去旅行，她也会从心里发出一声叹息，真好啊！然后回望自己的生活，长长短短地叹息：如果我也能这么做就好了。

我当然不能讥讽她光说不做，也没办法指手画脚地给她提建议。这都没有意义。

就这样吧。

假若你真心想做一件事，哪怕有千万种阻碍，你也会去做；假若你不想做一件事，那也大可以给自己找千万个借口不去做。

就像我当年死死守住的暗恋一样。

怎么能告白呢？明明知道他喜欢的不是我这种类型的女孩。万一告白失败，连朋友都做不成怎么办？我只要在他身边看着他，就已经足够幸福了啊，真的足够幸福了……

在告白与不告白之间摇摆，我坐在那里，和我喜欢的人之间，山迢水远，永远都隔着一个“我”的遥远距离。

什么都不做，什么也没有发生，然后一切就都结束了。

我知道里里那个闪闪发光的梦想，实现起来并不简单，也并不现实，签证怎么办？在异国他乡遇到坏人怎么办？找不到打工的工作怎么办？身无分文怎么办？生病了怎么办？细细考虑，问题无穷无尽。

但这世上也总有那么一些人，把不简单、不现实的事情变成了简单的现实。

人与人之间的差别真的大到难以想象。

有时候，梦想和现实总是隔着难以置信的遥远距离，好像穷尽一生也无法抵达。

但看起来那么遥远，也许仅仅因为你只是站在原地，远远地暗恋着它。

嘴上说爱，却让那份爱永远雪藏。

其实，你和你喜欢的人、喜欢做的事之间，一直都是这样，它们之间，永远只隔着一个“你”的距离。

第 2 章 你也可以活色生香，何必羡慕别人地久天长

我在每座城池刻下思念

有人说，看两个人适不适合结婚，最好的办法就是让他们一起旅行。

旅行途中，相处的时间非常多，会遇到很多状况。如果长时间相处而不互相厌倦，面对各种状况都能够控制好情绪、恰当处理，同时还能顾及对方，那这对恋人基本就合格了，可以走向婚姻的殿堂了。反过来，就不适合在一起。

所以，她十分确信，身边这个能够和她一起开心旅行的男人，就是她未来的丈夫。

爱情有时奇怪得很，你简直不知道为什么这个世界上竟会有这么一个人，仿佛上帝专门为你而造。几年前，她和他相识、相恋，感情契合到彼此都觉得惊奇的地步，她知道自己遇见了不可

替代的真爱。

他们有一个共同的爱好：旅行。两个人利用假期去过很多国家和城市，每次旅行都开心得超出预期。让她惊喜的是，在某一次旅行途中，他向她求婚了。她开心得当场就答应了他。

可是，就在她憧憬着未来美好生活的时候，噩耗传来，男友得了绝症。她伤心欲绝，赶在男友去世之前，在病床上和他举办了婚礼。

他去世后，她每天都活得很不好，完全没办法摆脱这种痛得好像下一秒就要死掉的糟糕感受。一天，她翻出了从前两人旅行时拍的照片。每一张照片，都是两个人，有时只拍了他们十指紧扣的一双手，或者紧挨着的一双脚，有时是笑得很灿烂的大头照，有时则是依偎在一起的背影，照片的背景，是他们一起去过的每个地方。

她一个人抱着电子相册，看得泪如雨下。

那天之后，她决定重新背起包去旅行。

她带着男友的照片，去了他们之前计划要去的几个城市。在那些城市最美的风景里，在每一家咖啡馆里，在每一个广场上，她都会和男友的照片合一张影，告诉天国的他：我们来过这里。

再后来，她走得越来越远，走过的地方越来越多，从苏格兰到南非，从加拿大到南美最南端，从东南亚到澳大利亚，在每一座城市，每一处风景面前，她都会和男友的照片合影。

她发现，所有的城市，所有的风景，忽然变得不一样了。

后来她回国，再回忆起男友，想起来的不再是他生病时的样子、离去的样子，而是这些她带着他看过的风景。

爱丁堡的天籁之音、太阳城的奢靡、温哥华的金色海滩、火地岛的圣洁、普吉岛的梦幻、墨尔本的神秘，一幕幕浮现，每一幕都有了全新的意义，因为它们都与他有关，与爱有关，与思念有关。

一个人对另一个人的思念，被镌刻在整个世界的风景里，这真是很浪漫的事。

有时我们喜欢追问得到和失去的意义，其实哪有那么多意义。走过的路、看过的风景、经历过的爱恋，就是意义。

他曾经来过她的生命，带来一场盛大的喜悦。

从此，她生命的一部分，她见过的风景，永远与他有关。

这就是全部的意义了。

走下去，哪怕前路荆棘遍布

那真是她一生最艰难的时期。

她一手打造的时尚品牌，因为门店扩展速度太快，资金周转遇到问题，又遭遇合伙人反目，最终只好卖掉收场。

她那时怀着三个月的身孕，心力交瘁之下流了产。

而她结婚五年的丈夫，在这时爱上了另一个女人，离她而去。

她的父亲，在这段时间检查出晚期癌症，她拿出全部积蓄，把他送进最好的医院，但父亲只熬过第一次化疗，没多久就去世了。

母亲伤心过度，一味地哭。她没有兄弟，只能自己咬着牙，拖着刚流产的身体为父亲的葬礼奔波，来不及悲伤，也来不及软弱。

等到葬礼结束，她才终于感觉到铺天盖地的痛苦和绝望。她不明白自己的人生怎么就走到了今天这一步。此前，她在国际上拿了设计奖，一手创立了一个风靡一时的品牌。她还有一位出色而温柔的丈夫，恋爱七年，结婚五年，幸福得以为一定可以白头偕老。而父母也还不老，她觉得自己还有足够的时间和能力孝顺他们。

谁知道，这耀眼而美满的一切，坍塌起来只需要一瞬。

厌烦的心情时刻缠住她，有时开车，她会想随便撞上哪辆车，来个干脆利落的结束。也很想大病一场，最好病得再也不会醒过来。但她还得照顾母亲。

幸好还得照顾母亲。

她把母亲接到身边，卖了老家的房子，开了一家小小的设计工作室，重新开始。起初只有她一个员工，靠着以前的人脉，勤勤恳恳，从小活儿开始接，做出一个又一个出色的设计，慢慢打开市场。她不信命，她到底是拿过国际大奖的人，虽不擅长开拓品牌做大生意，至少干本行没问题。

逐渐地，她招到了第二个员工、第三个员工……工作室规模大了，有能力接一些大单。

终于她有机会参加一个体育赛事的设计项目，这是个大项目，不仅收入颇丰，而且能带来好名声，她很想拿下。她带着几个设计师夜以继日地赶稿，最终靠实力拿下了那次竞标。拿过国际设计大奖，见过许多世面的她，在那一刻居然有点儿控制不住情绪。回到工作室，她买了香槟和大家一起庆贺，举起杯，她没说场面话，只说这个项目的款项收到后立刻就给大家发奖金，并且附加出国旅行的福利。

所有人都欢呼起来，说，你不一定是最棒的设计师，但绝对是最棒的老板。她一口酒喝进嘴里，眼中却落了泪。

眼泪掉下来，就再也止不住。她坐下来，起初双手掩面，后来索性像个孩子一样，号啕大哭。

自从事业失败、流产、离婚，父亲去世以来，她还没有痛痛快快哭过一场。并不是不心疼自己，并不是不痛苦，只是不知不觉就撑过来了。但那天，因为同事的一句话，她想起自己的悲惨遭遇，想起自己一直以来强撑的坚强，终于哭得不能自已。

前路依然未知，她的工作室仍然很小，随时可能被竞争对手挤垮；她的母亲年纪越来越大，身体越来越不好，能够与她相伴的时间越来越少；她还没有重新找到爱情，还没有得到再一次拥有家庭和孩子的机会……

失去的一切无可挽回，她再也不可能回到从前，甚至，她的未来也不一定能够比现在更好。但她知道自己不会停下来。哪怕前路荆棘遍布，也会继续走下去。

或早或晚，人生最艰难的时刻总会到来。也许童年灰暗，也许青春疼痛，也许顺风顺水时突然跌入低谷。再顺遂的人生，亲人也总有一天会离世，事业总要遇到挫折，最爱的人也终究离去。

所以《这个杀手不太冷》中那个被父母虐待的小女孩儿玛蒂尔德问杀手莱昂："人生总是这么痛苦的吗？还是只有童年痛苦？"莱昂回答她："总是这么痛苦。"

很悲哀的结论，却很真实。

糟糕的时候过去了，更糟糕的时候也许还会到来。但人心的坚强，也永远超乎你的想象。

有时，你可能脆弱得一句话就泪流满面，有时，也发现自己咬着牙走了很长的路，等你回过头去看，自己都会被自己感动。

愿你终有一日会被现在的自己感动。

每个人的一生都会遇见三个人

有人说，每个人的一生都会遇见三个人。第一个是爱你的人，第二个是你爱的人，第三个是和你相爱的人。深以为然。

在第一个人那里，你会尝到被爱被呵护的滋味，认识到自己的优点和魅力，却还没学会珍惜，没学会体贴和理解。

在第二个人那里，你学会了珍惜，学会了体贴和理解，却尝到痛苦的滋味、煎熬的滋味，你第一次知道，爱情原来并不那么美好，它会让你自卑、笨拙、一无是处，会让你食不下咽、夜不能寐，让你因为他的缘故而身处地狱，却天真地盼着他化身为天使来拯救你。

在第三个人那里，你尝到安稳的滋味。你终于不再强求，不再伤害对方也不再伤害自己，你成熟到懂得用最好的方式去爱他，也成熟到能够安然地接受他的离去，你不再为了爱要死要活，而是学会了顺应生命的际遇。

最好的爱，当然是第三种。可是，让所有人刻骨铭心、念念不忘的，却总是第二种。

你深爱过的那个人，那段时光，就像一个逃不出去的陷阱，囚禁着你这一生最好的年华，每每想起，总带着切肤的痛。

你还记得吧？你和他分手的时候有多憔悴，你本来身体就弱，我们都担心你真的会撑不下去。

我们去你家，陪你说话，希望你大哭一场，冲我们发泄，可你只是苍白着一张脸，翻来覆去地说关于他的事。说着说着，忽然停顿一下，喃喃地问："他怎么就舍得和我分手呢？"

那时他是大学校足球队的主力，踢球的时候，帅得一塌糊涂，每天都有成群的女生去操场看他练习。你是这群女生中最努力接近他的那一个。你每天买三瓶水、三包纸巾装在包包里，为的是随时能给他递过去。你利用和他同一个系的优势，得知许多关于足球队的最新消息，你主动为他的足球队画宣传海报，他比赛时，你替球队把一切后勤事务打理得妥妥帖帖。

后来，他习惯了你的存在。你们经常出双入对，周围的人都默认了你们的关系。你没理会那群气炸了的女生，就算她们处处为难你，你也完全没放在心上。能够走在他身边，哪怕受再多委屈你也是愿意的。

你就像一条失去了水的鱼，学会了在陆地上生存。你走在他身边，不求他像你对他一样，倾其所有，只盼着他偶尔施舍给你一滴水，让你活得不那么焦渴。但你是否知道，鱼儿在陆地上生存是什么模样？你那段日子一点儿也不漂亮，你当然为了他每天都化妆，穿漂亮衣服，但我们都不觉得你漂亮。你整个人都失去了血色，眼底干涸，皮肤粗糙。

这一场爱情并没有滋养你。你每次拿着手机翻来覆去地看，我都问你他又说什么了，你说他什么也没说，只是对你发过去的

“晚安”回复了一个“嗯”字，或者一个“哦”字。你高兴地说：他以前都不回我呢，现在终于开始回复我了，哪怕只是一个“嗯”字或者“哦”字呢，至少他开始回复我了呀。

你的视线没有离开手机，所以你不知道当时我的眼神里全都是对你的心疼。

他常常因为打游戏而忘记和你的约会，也常常会为了期末考试好几天不和你联系，却会在感冒不舒服时理所当然地支使你，在有事情需要帮忙时打电话给你，完全不管你忙不忙、是否有空。

而你，当然是没空也要挤出空来。

这场恋情在你拼死拼活的坚持和努力下，撑到了毕业。他签了一份还不错的工作，在他的家乡。而你签的工作更好，是一家知名的外企。他回家乡的城市工作，你跟着去了。没让他知道关于外企的事。你早已暗地里在他的城市里找了另一份工作。真是用心良苦。

然后，他在职场，遇到了他爱的人。

这回，轮到他患得患失，要死要活，尝尽煎熬和痛苦的滋味了。但那与你无关。你只能灰溜溜地离开。

四年的付出，换来这样的结果，你当然会想不通。

但你记不记得，当初也有一个爱着你的那个人？

我们都需要经历这样两个人：爱你的人、你爱的人，才知道爱是怎么一回事。单方面的祈求，终究是要落空的。

爱是两个人最亲密，也最完整的一种互动。

现在的你应该已经明白了，因为你终于遇见了相爱的人。

这并不容易。刚失恋时，你简直不相信这辈子还能再谈一场恋爱。你不相信任何一种诗意的说法，比如，在时间无涯的旷野里，有一个命中注定的人正在向你走来。你说，怎么可能？

等到你终于不再把自己关在家里，已经是半年之后了。你开始好好吃饭，去健身房跑步。支撑你这么做的理由是，有一天你和他重逢，你一定不要让他看到你悲惨的样子。你要变成最优秀最美的女人出现在他面前，让他为当初抛弃你而后悔。

然后，你在健身房遇到了那个命中注定的人。

你忽然发现，原来彼此相爱是这么美妙的事。你不需要再去解读他的一举一动，研究他的每一句话、每一个眼神都有什么含义。你不会再因为他偶尔和你说了晚安而惊喜不已，然后立刻又想这是不是只是他的心血来潮，接着你又开始为他不再和你说晚安而沮丧失落。你不再觉得他对你好是一种恩赐，你不用匍匐在他脚下感激涕零。

你现在明白了，爱情是一件多么自然的事，你只是想要对他好，不求回报，而他也会同等地对你好，同样不求回报。你们很契合，可以聊很多，也可以一起保持沉默。你们也会有矛盾，有时候心平气和地沟通，有时也你来我往地吵架。你有时吵完一架，并不生气，而是感慨，从前你爱那个人时，有委屈就生生咽下去，连架都不敢跟他吵。

我问你还要不要让他为了抛弃你而后悔。你说，无所谓了，他一定也会在他爱的人那里溃不成军、伤痕累累吧。

如今你和恋人生活在一起。他有他为之奋斗的事业，你有你为之努力的工作，你们会一起做饭，一起开车数小时去寻觅一处好吃的餐厅，会一起去旅行，一起尝试去做很多新鲜事，一起养一只猫、一只狗，一起勾勒属于彼此的未来。你们的生活里有爱，有诗意，所以你不再在意过去的伤痛，也不再恐惧很可能再受一次伤的未来。

我告诉你，现在的你真好看。你说，哪有，笑起来时，眼角都有细纹了。我说，真的，很好看，整个人都散发着光芒。

那是你跌跌撞撞、磕磕碰碰之后终于找到栖息之地时，由内而外散发的安详而又自足的光芒。

第 3 章

你要面带笑容，相信明天会有彩虹

做一个树一样的女子

两年前，我去草原旅行。

黄昏时分，走路回民宿，漫天彩霞将草原染成几种不同的颜色，像被打翻的颜料般随意而绚丽。落日的余晖映照在无边原野中仅有的几棵树上，打出长长斜斜的影子。

路的尽头，牧人牵着一匹马，孤独地走着。

三毛的那首诗《来生做一棵树》自然而然地出现在了脑海中：

如果有来生/要做一棵树/站成永恒/没有悲欢的姿势/一半在尘土里安详/一半在风里飞扬/一半洒落阴凉/一半沐浴阳光/非常沉默/非常骄傲/从不依靠/从不寻找

有时候，成熟是一瞬间的事，不在于时间长短。

该经历的事总是要经历，既然无法避免，那就勇敢地面对。

这不过是最实在的处世哲学。

很多事情，并非争取了、努力了，就会有个好的结果，比如爱情。

尽力只不过是不想让你自己后悔。可是，常常是那对美好未来的幻想一次次让你勇往直前，无所畏惧。

你的偏执，也许用在了错的事、错的人上。

我记得那段时间你很痛苦，爱是那么身不由己。如果可以，你说，你也不想爱上一个不爱你的男人。

绝望的时候，我们陪在你身边。

你自嘲地笑笑：我是不是很傻。我不需要他常常对我嘘寒问暖，不需要他为我买东买西，我甚至不需要和他天长地久，我只需要，他有那么一点点真心爱过我就好。

是，你真傻，傻得自尊都可以抛弃，傻得低到尘埃，还开出颤抖的花，傻得大家只想给你两巴掌，好让你彻底清醒。

不出意料，那个男人再也没有出现过，在你和他某次冷战后。

你后悔对他发脾气，你后悔冷战，以为不冷战，他就不会离开你。这样也好，早点儿离开，对你来说，就早点儿解脱。伤痛虽然难以接受，但总好过温水煮青蛙，不知不觉就耗掉半辈子，而无法脱身。

有的时候，你只需要对自己狠一点儿，狠一点儿，再狠一点儿。

这个世界，有些人出现在你的生命中，只是为了告诉你：“你出现过，丢下过我，我才明白遗忘并没有想象的艰难。这或许是你给予我，最后的意义。”

一个人能拥有的，并不多。大多数人都只是过客，最终还是要离开的。

“爱是两个人的事，如果只有你还执着、纠缠、原地打滚痛苦地爱着，时过境迁之后，你会发现是自己挖了个坑，下面埋葬的全部都是青春。”你曾经说很喜欢这句话，还念给我们听。现在，你是不是也该说给自己听。

对你自己而言，没有无可奈何，也没有遗憾之说，它只是你漫漫人生路上的一个教训。在年少轻狂的青涩时光，你那段空白而自作多情的记忆，就让它一直保持原样好了，有时候，不完美即意味着完美。

人生有那么多的遗憾、教训、不舍、离别、痛苦，这一点点，不算什么。一定的年龄，幼稚过、偏执过或许还是件好事。

过去的就让它过去好了，像泡沫般不留任何印记。

不切实际的幻想是痛苦的根源。不要再幻想，我想，你大概也不愿痛苦地生活。

每个人都在过着看似平淡却急匆匆走向不同方向的道路。

每个人都在失意的事中或主动或被动地选择了新的开始。

每个人都在时间的推动下，不声不响地开始新生活。

而这，也是你可以并且应该选择的方式。

是像一棵树般昂首挺立，还是像地锦，永远依附于他人，缠缠绕绕?

亦舒说，聪明的人从不报复，他们匆匆离去，从头开始。

现在，你终于开始过得那么好了。

每天二十四小时，花十个小时做你喜欢的事。和那些可爱有趣的同事一起工作吃饭聊天，一起过生日，一起去喝酒，一起去学探戈，一起去打网球，一起去做美甲，一起接受客户的赞美与认同，那都是一个个开心的时刻。

你愿意花五个小时，文火慢炖一盅麦冬雪梨椰片汤暖胃。

睡之前，看看喜爱的书，或者电影，任思绪纷飞。

你知道，这是一座山，没有人陪你一起爬，也没有任何可以支撑的东西，唯一能支撑的不过是自己的意志力。

你得慢慢地一步一步走出来，就算是脚踏荆棘，也决不能有半点儿退缩。因为，这对你来说，是最佳的选择，也是最好的路。

这样一个人的状态，你已经很习惯，也感到很安心。

不再害怕，也不再焦虑。

晚上抬头望着星空，为自己默默地点赞。

后来，你身边也出现了那个视你如珍宝的人，弱水三千，只取一瓢饮，终有一人快马加鞭而来。

那个真正爱你的人，他不忍心让你久等。

你再也不会悲伤，昂扬成了你永恒的姿态。那个重要的人欣赏你，支持你，呵护你。

你坚强自信地挺立，像棵树一样，倔强而亮丽。

他其实没那么喜欢你

放假三天，我拒绝了所有朋友的邀约。

心血来潮在网上买了一堆与甜点有关的书，比如《法式甜点全书》《跟着小屿做烘焙》等，打算在家潜心钻研，在渐凉的时节，温暖自己的胃和心。

悠闲的假期，大概没有什么比看那一团蛋糕糊在烤箱中慢慢变成优雅蓬松的舒芙蕾更让我感到幸福的了。

尤其是吃舒芙蕾时，满嘴融化着的稠香，还有那软绵绵的触感，简直甜蜜到了心尖。

发微信给闺密看亲手烘焙出的舒芙蕾，她回了句：等我。

果然，一个小时后，我家门铃响了，不用看肯定是她。跨过半个北京城换了两次地铁，只为尝一口甜点，这种在外人看来麻烦的事，偏偏她兴致盎然。

有时候，倒是喜欢她这样不怕麻烦。

这个随时随地都可以买到一切的时代，没有几个人会愿意花上一两个小时的时间，专程赶来吃你做的舒芙蕾，除了那些真正放你在心上的人。

大家都懂得机会成本，花心思维系一段可有可无的感情，不如在家观察兰花又新开了几朵。

朋友越来越少，留下的，都是重要得可以拿生命换的人。

我记得几年前的她，一度厌恶所有甜点，后来一起追美剧《破产姐妹花》，她彻彻底底被毒舌又迷人的Max俘虏，心甘情愿地做了她的粉丝，也学着她做小蛋糕，也重新爱上了甜点。

美食与爱，她从不舍得辜负。

她讨厌甜点是有原因的。

几年前，她在草莓音乐节上认识了一个玩摇滚的男生，被对方弹吉他的帅气模样吸引，不顾矜持，主动询问对方的电话、QQ和微博。

男生有自己的乐队，常常在南锣鼓巷演出。

听不懂歌词的隆隆音乐，昏暗暧昧的灯光，一大群重金属爱好者，摇头晃脑，歇斯底里。不喜欢摇滚的闺密偏偏每次都去捧场。

演出结束，在酒吧一起喝了几次酒后，两个人顺理成章地成了情侣。没过多久，不懂摇滚的闺密，竟然能向我们说出无政府主义朋克与蓝调摇滚的形成与区别。

爱情的魔力，强大得让人难以想象。

但我们从来不看好他们，这样疯狂而冲动的爱情，谁知道它的保鲜期有多久。

果然，他开始不那么频繁地回电话，常常借口有演出要排练而无法赴约，即使约会也心不在焉。

吵架最厉害的一次，是闺密在他微博中发现另外一个女孩儿晒了玛格丽特小饼干，那饼干是她深夜亲手烤的，装饼干的小盒子是她在无印良品买的，被他送给了另外一个女孩儿。闺密愤愤不平，难过得要死，但摇滚男连解释都前言不搭后语。

冷战不到一周，主动和好的还是闺密。她开始后悔，那女孩儿也许就是普通朋友而已，她干吗那么生气；他不接电话也许是在忙，他排练辛苦心情不好也能理解。总之，她能理解他所有不寻常的借口。

只是，她从来不会去想那个根本原因：或许，他其实没那么喜欢你。

她害怕，也没胆量面对。

在恋爱过程中，我们总是下意识忽略那些显而易见的真相，常常想出各种各样的理由或证据安慰自己：他太忙，他太累，他工作压力大，他本来就不是体贴的人……以为这样，男人就会被自己的大方和明事理感动。

但我们没有勇气与胆量承认那唯一的事实：他没那么喜欢你，他不再想和你在一起。

因为这太让人崩溃了。

闺密的结局自然是，摇滚男劈腿了那个他送玛格丽特小饼干的女生。

承认他并不那么喜欢你，真的没那么糟糕。

我特别喜欢的电影结尾的旁白是这样的：有时候，我们太专注于寻找完美的结局。我们没有学会辨认他人的信号，没有学会辨别谁是真心的，谁又不是，没有学会分辨谁会留下，而谁会离去。

这些天，被夏末秋初的雨水洗刷过的城市，显得格外清亮、干净。每天早上在柔软的被子中醒来时，已经能感觉到一丝丝凉意了。

我和闺密都知道，这个城市最美的季节来了。

愿这个世界没有将就

以前看过一篇小说，名字特别拗口，早就忘了。

故事情节倒是清清楚楚地记得，两个大学就相爱的人，后来因为一些原因女主角去了国外，而男主角一直在等她，一等便是七年。

有一次，男主角在等车的时候跟暗恋他的邻居妹妹说，你以后会明白，如果世界上曾经有那么一个人出现过，其他人都会变成将就，而他不愿意将就。

小说毕竟只是小说，苦等数年，再次重逢，之前的种种误会都抵不过两颗相爱的心，最后完美结局，相依而终。

可是，在柴米油盐酱醋茶的俗世烟火和滚滚红尘之中，大抵没有几个人最终不是将就着恋爱，将就着结婚，将就着工作，将就着生活。

于是，常常，大多数人都活在这种将就的虚幻世界中，都以为抵达了幸福美满的终点站，其实不过是路上的临时站台而已。

这些人往往还要不断地规劝他人少折腾，将就就好。

我有个朋友艾琳，四十多岁的女人，没有结婚。

认识她，是在东南亚的某家青旅里。当时，我问前台那个菲律宾小姑娘，青旅里是否有人计划去柬埔寨暹粒，如果有，请告知我。因为我想找人一同前往，不仅安全，而且还可以分摊路费，一举两得。

第二天早上，我出门去吃早餐时被小姑娘叫住，她让我在小花园的凉椅上等她，然后就跑掉了。我被弄得云里雾里，不知道她到底要干吗。

几分钟过后，她从走廊那边朝我走来，旁边还有个中国女人，看上去三十好几了，一眼就能看见她眼角的皱纹。一件纯黑T恤衫，搭配一条民族风纯棉阔腿裤，头发随意地扎起来。

是个有气质的女人。我在心里对她啧啧称赞。

这个中国女人就是艾琳，是我在柬埔寨旅行的游伴，后来，成为我非常尊敬且要好的朋友。

我当时很好奇，她怎么一个人出来旅行了，怎么放心得下小孩，而老公又怎么会同意。不料，艾琳非常直率地脱口而出：我单身，没结婚。

我感到尴尬，有点儿不好意思，这种类似于打探人家隐私的行为实在算不上一个好的开始，连忙道歉，讪讪地转移了话题。

艾琳却满不在乎地说道："没有关系啦，这又不是见不得人的事，没有必要藏着掖着。不止你一个人有这样的反应。其实，我一个人过比两个人过要开心潇洒得多。要是像大多数女人一样，现在我只怕在家刚送完小孩上学，在去菜市场买菜的路上。这种生活，对我来说才比较可怕。那不是我想要的，我想要的就是现在的我正经历的一切。"

她对自己有着清醒的认知，头脑清清楚楚，知道自己想要什么，自己需要什么。这中间的界限泾渭分明，她不会允许自己在界点上徘徊犹豫。

艾琳年轻的时候交往过一个长达八年的男朋友。

八年的时间，怦怦心跳的感觉早就烟消云散了，两个人在一起的时间越久，她便越下不了决心牵手一生，总觉得对方不是适合自己的结婚对象。

想放弃，却担忧后面是否还有更好的，而且之前的时间成本已摆在那儿；不放弃，将就着这样过，又总有不甘。

就在艾琳权衡、猜测、评估、摇摆不定，甚至想孤注一掷时，她意外地获得了公司外派伦敦一年的机会。

这个天降的机会，成了压倒骆驼的最后一根稻草。

艾琳义无反顾地去了英国。

当然，男朋友不愿意再等她，而她，也不需要他等她。她拍拍手，重新上路。

那年，她刚满三十岁。

所有人都觉得她疯了，病得不轻，包括她爸妈。大家都劝她不要去，不要再折腾了，安安心心嫁给他。

在伦敦工作一年后，艾琳辞职了，申请了伦敦政治经济学院的研究生。毕业后，她在英国一家颇有影响力的媒体工作。

生活安稳，工资够高，每年都有外派世界各地的机会，一切看上去都很好。朋友给她介绍了一个伦敦人，两人相处愉快，但缺少情侣之间的那一点点心动与甜蜜。

眼见女儿年纪越来越大，她妈每天都电话或上网催她不要再拖了，如果合适就结婚。那种所谓的爱情一点儿都不靠谱，时间一长，所有人最终都会变成亲人。不听老人言，吃亏在眼前……

后来，她主动和那个伦敦人分手了。她妈知道消息后把她骂了一通，对她是恨铁不成钢，已经处在了绝望的边缘。

这个时候，她已经快三十五岁了，成了所有人眼中嫁不出去的剩女。

但她一点儿都不在乎，开始每年一个人全世界乱跑，做义工，练瑜伽，参加禅修，学探戈，甚至还写书。一个人过得风生水起。

对于结婚与否，她有自己的想法，遇到真正让自己心甘情愿就此一辈子走下去的那个人就嫁，不为了结婚而结婚，自己过得开心就好。

总之，不再委屈自己，绝对不将就。

你看到她，只会想到独立、自由、气质、洒脱，但是不会想到“恨嫁”二字。

我和她一起旅行时，她刚刚辞了令人艳羡的工作，打算环游世界后，再定居芬兰。因为，她喜欢冬天，喜欢极光。

母亲节那天，我和她在去往金边的大巴上，她给她妈妈打电话。

我听到手机那端她妈妈的声音：好好旅行，做你想做的事，你自己开心就足够了，不用担心我们。

我身边的很多同学朋友，刚大学毕业才22岁就恐慌自己嫁不出去，每年春节回家后的必做事项就是相亲。

大家都在比谁先结婚，谁嫁得好，谁先有小孩，生怕自己一旦过了25岁还没嫁出去，就沦为众人的谈资。

有时候，只要遇到一个不讨厌的就开始盘算结婚的日子，以及什么时候生小孩比较好。偶尔犹豫不决时，就有声音在安慰自己：就这样吧，谁又不是这样的呢？

然而我还是希望自己永远都不要将就，永远都不要活在别人的评论意见中。当觉得自己在将就地生活、工作、恋爱时，希望我能有勇气打破一切，重新选择新的生活，即使艰难险阻不断。

这是我对自己唯一的期许。

青春是岁月闪耀的色彩

我们离开家乡，从一段感情中生生剥离，去跋涉，去挑战，去尝试，去重新开始。这一切并不是谁逼着你。

没有人逼你到北上广去住十平方米不到的出租屋，没有人逼你必须熬夜工作，没有人逼你必须去和难打交道的客户沟通，没有人逼你一天必须工作十六七个小时。

也没有人逼着你离开熟悉的故乡、离开父母、离开安逸的生活。

其实谁不想在家乡，陪着父母老去，谁不想在熟悉的故乡和认识了十年的老朋友时常聚聚；谁不想待在老家，有属于自己的房子，未必面朝大海，但总能容下一个三口之家，弥漫着饭香。

但我们依然把故乡和过去一起背在身上，带着梦想独自启程。

因为我们不想在20岁的时候就过上80岁的生活，因为我们相信梦想必须在更大的地方才能绽放得绚烂，无论生活多么不公、多么残酷，努力奋斗依然是离开狭隘和偏见的唯一途径，每一种艰难的工作都有可能是通向梦想的天堂。

所以，我们自愿选择看似崎岖的道路。

闺密的男朋友T君是一个创业者。大学的时候他参加全市的科技创新大赛，拿了一等奖，成为别人眼中的天才，再加上身材样貌不错，一时风光无限。毕业后，这个天之骄子原本有机会进全国最好的互联网公司，拿令人艳羡的薪酬。可是他拒绝了这个极好的机会，背着他自己的产品到了深圳。

原本可以在北京的写字楼里吹着空调当经理的他，背着包在深圳华强北闷热的大楼里当推销员。一连跑了一个多月没有人看好他的东西，好不容易有人看中却被对手抢了单，好不容易没有被人抢单，因为产品的服务出了问题，他被客户指着鼻子骂骗子。天之骄子一下子落入了凡尘，尊严碎了一地。

遇到这样的事，耐得住性子坚持的就能挺去过，耐不住的就永远是个路人甲。

有一次，跟闺密和T君小聚，聊天说起这段，他的语气平淡得就好像在说别人的事，他说自己打心眼里还是觉得自己是个做开发做产品的人，不想把自己的东西让给其他人，所以才拒绝当时的那份工作。可是自己万万没有想到，现实会让自己既当销售又当售后，这真不是自己想干的活儿，但最终还是成了自己想成为的人。

现在他不仅自己做项目，也投资项目，那些经验和眼光都是售前售后一起当的时候积累的。

面对工作，有时候我们很难说喜欢与不喜欢，就像我们很难说清离开家乡漂在外面的感觉是喜是悲，但我们总在这样的生活中一天天摸索，终有一天豁然开朗。所以，我们一直对自己说，没事，无论这生活的深潭里埋着什么，潜得久了就知道有没自己想要的东西，摸索得时间长了就知道这生活是不是我们心之所向，哪怕抓到满手淤泥，也是下一次前进的线索。

又或许，我们的所有热血都在现实的汪洋里冷却，如一场热闹的宴席终于走向平淡，可是那又如何呢？哪怕我们所有的尝试都将败北，但那曾经波澜壮阔的青春总可以在我们老的时候变成故事来讲。

所以，不要问自己前面有什么，不要问自己会得到什么，先问问自己愿不愿意去试，敢不敢跳进生活这深潭。

第4章

没有公主的命，那就拥有一颗女王的心

朝着大海的方向，奔跑

我第一次见到里昂的时候，两个人都很狼狈，当时我们都住在一间民宿里，我买的二手车被原车主骗了，还闹去了法院和警局，而来打工度假的里昂买的新车当天直接被撞报废了。

但是他比我更迅速地找到解决办法——他马上就买了第二辆，还是找拖车公司的人直接买的。

我当时心想，这人可真有钱。

里昂是福建人，长得高大，眉眼开阔，不计较，是个看起来就很靠谱儿的爷们儿。我没车回几百公里之外的家，于是蹭他的车，一路上经过羊群、海、雪山，从正午走到夕阳。八个小时的车程，足以让我们成为朋友。

说来也好笑，2013年在《非诚勿扰》的宣传下，中国年轻人

申请打工度假签证的难度骤增，十几万人去抢一千个名额，无数人卡在崩溃的网站里，一时间网络上哀鸿遍野。而里昂却是无心插柳，他本来是要办旅行签，得知有这个签证后，想想旅游之余还能打工，就早起去抢了一下，竟然顺利拿到了，“我家网平时挺慢的，那天也不知道怎么就抢到了。”最好笑的是，他一个做中介的朋友托他帮忙再抢一个，他又抢到了。

里昂抵达新西兰的第一站，就是去年轻人扎堆打工的水果之乡克伦威尔摘樱桃。这事儿说来也巧，樱桃工由于时薪高（曾有朋友一天净赚2000元人民币），全世界来这儿打工的青年都喜欢去申请，里昂那天住在民宿，刚好一个申请到工作的人临时决定不去，他就顶上了。

这个幸运大王就这样迷迷糊糊的，一路走过来。

后来再见到里昂，是他专程开车一个小时，送自己摘的一大堆樱桃给我。他从自己的普拉达大包里倒出小山高的深紫色车厘子，结结实实地堆在厨房桌上，全部微微泛着光，像无数个小亮点。可他还有点儿不好意思：这回摘的树有点儿小，下次给你摘其他品种的，超大。

他手上全是被樱桃树枝子刮的小细血痕。也就两三周没见，他整个人黑了很多。

我有点儿感动，因为对摘樱桃工人而言，每天工资是要按筐子数量来算的，他用自己的时间给朋友摘樱桃，就等于减少了他的工资，更重要的是如果摘得少，还会被监工骂。

可里昂不在乎，他隔段时间就摘一堆出来送人，有次得知我们几个朋友路过克伦威尔，他用下班时间冲回果园摘了两大袋子。我们车子经过时，远远看见他站在路边等着。看见我们，他特别开心地举起手里沉甸甸的两大袋子，大喊：“这回我摘得特别大！”

由于里昂仗义直率，他很快结交了许多朋友，他们经常三五成群结伴去附近登山钓鱼。有一次出去玩，所有青年客栈都客满了，里昂大方地请所有朋友住了当地的四星酒店。此时他隐藏的另一面才逐渐曝光。

没人猜到这个洒脱开朗的大男孩，竟然在加拿大有着自己的生意，而且做得很大，覆盖了半个国家。

里昂几年前就以投资移民的身份移民加拿大了，家境极好——有次和四川朋友聊起春熙路，里昂对那一带了如指掌，一问才知道，他家在春熙路买了一套房，专为旅游去四川时住。而类似的房子他在国内还有不少，全在最旺的地段。

总而言之，这是个富二代，还算得上是高富帅。

但是里昂有自己的经济头脑，在加拿大坐移民监期间，待着也无聊，不如做点儿生意吧。于是他做起油画和茶叶进出口业务，还请了一个脾气古怪、业务精深的央美毕业的画家帮忙卖画，时不时画家神秘失踪去哪儿写生了，里昂也不生气，直接挂牌子关门停业一天。

在加拿大，几乎家家户户都爱挂油画，而里昂从深圳出口的油画画工佳、装裱精细，价格却比同类画廊便宜30%，短短一年时间，生意做得风生水起。

在移民监快结束时，里昂决定出去旅游一趟，后面每一个巧合都导致了前文所述的种种错位，最终让他成为一名摘果农民。

里昂每天和其他三个人挤在不到二十平方米的宿舍里，深夜上洗手间，得哆哆嗦嗦披着衣服去几十米外的公共厕所，所以睡前他几乎不喝水。每天摘果从清晨6点到下午3点，早起如果来不及吃东西，就得等到中午。有时烈日当头能把人晒昏，他花五块钱买了顶大草帽，脖子再绕一圈毛巾，专门用来擦汗。

可是这一切在里昂的描述里，都是特别酷的回忆："你知道吗，每天早上会有直升机飞过来把所有樱桃树上的露珠扇掉，不然樱桃会坏，好玩吧！"

如今樱桃季结束，里昂开车旅行到了另一个以盛产苹果著名的地方，继续摘果工作。

"以后可能不会再体会这样的生活，才要好好珍惜每一天。你要问我去何方，我指着大海的方向。"——摘自里昂的一条微博。

永远不要认为你可以逃避

永远不要以为你可以逃避，每一步，都在走向你自己选定的终点。而且每一步，都由你来决定好与坏。

一位旅游狂人、探险爱好者，习惯在工作之余，独自去野外探险。没有被开发的大峡谷、草原、森林、沙漠，都是他喜欢的冒险之地。或许是因为对自己能力的自负，也或许是为了保持探险的纯粹性，他从来不对任何人透露自己的行踪，包括父母、恋人、最好的朋友。他常常会在假期的时候突然消失一阵子，然后又突然回来。身边所有的人都习以为常。

那一次，他去了心仪已久的峡谷，徒手攀爬至岩石山顶，轻而易举穿梭在庞大复杂的地貌间，你能看出他对自己身体和头脑满满的自信和骄傲。

然后，悲剧发生了。

他不小心跌入山石之间一个狭窄的缝隙，更要命的是，一块落下来的大石头将他的一条手臂死死卡在了石头和山壁之间。

从被卡住，到最后自救成功，整整127个小时。他放弃无数次，挣扎无数次，懊悔无数次，无数次想到死亡，无数次拷问自己，无数次审视人生，最终他生生用小刀一点点割断了手臂，忍痛爬到谷底，步行8公里走出峡谷，才终于获救。

这是电影《127个小时》的情节，也是一个冒险爱好者真实的经历。

电影中主人公拷问自己、审视人生的那一段格外精彩。

他想：自己怎么就走到了今天这一步？

自负，骄傲，无人区的孤独者的冒险，正是这些他看得太过重要的无聊东西，使得他在遇到危险时，没有任何人能够救他。大自然如此庞大，人类如此渺小，一块石头就足以让他丧失所有希望，而他先前竟然一直以为自己是征服者。

那块石头，其实一直在那里。从他出生的时候就在那里，等着在今天，在这一刻，从天而降，粉碎他的狂傲和无知。

这不是一次偶然，不是意外，不是天灾。

不是的。

这是人祸，是他终将经受的障碍，只要他还喜欢探险，只要他还是那个轻狂自负的男人，他就无法逃避。

就像米兰·昆德拉说的那样：“永远不要认为我们可以逃

避，我们的每一步都决定着最后的结局，我们的脚正在走向我们自己选定的终点。”

那阵子，她负责和客户洽谈一个项目。公司对这个项目寄予厚望，叮嘱她务必拿下。她的成单率一向很高。公司当然是信任她，才把这个项目给了她。

她的一贯而有效的做法是：研究客户的喜好，然后投其所好。

她约这位客户吃过一次饭，去过一次高档会所。但对方看起来对这种场合并不感兴趣。后来她调查到对方喜欢收藏，而且爱收藏各种稀罕的器皿。于是她专程请这方面的朋友物色了一些，当作礼品送给客户。

客户果然很高兴，坐下来细细研究了半天，又和她聊了一些相关的历史和收藏价值。见她一味附和，不怎么说话，客户皱起了眉，“这些东西你专程来送给我，自己却不懂其中门道吗？”

投其所好的结果是，客户对礼物满意，却对她生出诸多不满。一个大项目就此谈崩。她没想到这位客户是任性、感情用事的人。仅仅因为她不懂收藏，就终止合作，这也太荒唐了。

她不甘心，特意又找到他，希望他重新考虑。

客户很诚恳地说，他考虑得很清楚了。

“说实话，我之所以终止合作，是因为你这个人。这个项目需要注入大量文化内涵和情感内涵，需要能够感染的东西，而你的眼里只有功利，只有合作的成败、项目所带来的收益，以及给你自己的职业生涯带来的好处，我不认为由你所在的公司负责，能够做好这个项目。”

因为大项目谈崩了，她被扣了工资，又被降职，好几年的奋斗，回到了原点。

她从来都不知道谈成一个商业项目需要有文化内涵和情感内涵，她所知晓的只有最简单的方式，和客户搞好关系，投其所好，再不行，她还有在酒局上千杯不醉的功夫。

因为不想念书，她留级好几次，终于还是没有上大学。高中一毕业就开始当销售，从一个底层的销售员做到销售经理的位置，凭的完全是过人的天赋：有眼力，会说话，会喝酒。她一直以为这是真理，而她也的确是靠着这些一步步走到今天，和文化素养、情感内涵真的半点儿关系都没有。

重新回到销售员的位置，她忽然觉得，或许这一场挫败早晚会来。即使现在没遇上，将来肯定也会遇上。因为自己的确不具备能够搞定这种大项目的智慧和气场。哪怕她现在靠运气当上了销售总监，总有一天也会出同样的洋相。

是祸躲不过。她曾经逃避了读书的命运，但社会终究以另一种方式，给了她更多的当头棒喝。她或许可以逃避上课的命运，却绝不可能逃避学习的命运。

她想，要学的东西实在太多了，她不能满足于仅仅当一个会喝酒、会讨好人的销售经理。她还想见识更多的人、更大的世界，想去见识那些站在顶点才能看到的风景。

还记得《127个小时》电影的结尾：失去了一条手臂的探险爱好者，最后成了探险家。

这真是最好的结局。

他没有因为一块石头的阻挡，没有因为这场悲剧的遭遇，就此失去勇气，放弃人生最大的爱好和梦想。

一块石头，是障碍，同时也是力量。

当他战胜了它的那一刻起，他就已经超越了这个障碍，并且记住了这个血淋淋的教训，以此为踏板，走向更广阔的世界。

所以，昆德拉说得没错，永远不要以为你可以逃避，每一步，都在走向你自己选定的终点。

而且每一步，都由你来决定好与坏。

自己哭，自己擦眼泪

我碰到过一位姐姐，她曾有过一段不成功的恋爱，都到了谈婚论嫁的地步了，两个人的关系突然出现了变故。巨大的打击，让她一度失去了继续活下去的希望，生活就此荒废。

为了排遣极坏的心情，她开始大量地听歌，电池不知用掉了多少，歌曲也不知听了多少，心情却没有变好，因为她觉得几乎每一首歌都是在写她自己，于是就不耐烦地换了一首又一首，后来实在是没得换了，于是就把“随身听”扔到一边，不再理会，转而去忙别的事情了。

就这样，这位姐姐风轻云淡地过了三年，终于从那种状态中走了出来，变得像以前一样活泼、一样爱说，让人觉得，那些事情仿佛并没有发生过。并且在这三年里，她的事业还获得了突破，取得了不小的成绩。

有的时候，有朋友在她面前说漏了嘴，提到了那个曾让她无比痛心的“负心汉”的名字，她也像是没事人似的，依然是笑呵呵的，甚至跟那人打听对方的近况，听完了简单地回应着，然后就是银铃般的一串笑声。

我很想知道她到底是怎么走出那段岁月的，但始终也没有张口，不是没有机会，只是没有人愿意再去揭她的伤疤，让她再经受一次痛苦。

没想到，后来她却主动提起来那段岁月，并笑呵呵地说，生活总是要继续下去啊！

又问及难道不再恨当初的那个男人，以及插入他们中间，让他们分离的第三者，她仍然是一副笑呵呵的样子，依然是平静的口吻，当初是非常恨，但现在不恨了。人啊，不能总拿别人的错来惩罚自己啊！当生活把你所有生活下去的希望都熄灭的时候，你就需要给自己创造一点儿梦想，让它给你活下去的希望。

我们何曾没有在自己失意的时候怨天尤人，抱怨连天，也只是在终究无法破解困境的时候，选择做困境的“顺民”，接受命运的安排。却没有人想到，要给自己创造点儿梦想，让自己继续奋斗下去。

她的一句话让我印象尤为深刻。她说，有时候，我们只能让自己发光，或许很微弱，但是终归是有些用的。一个人真到了心累心死的时候，别人的话是根本听不进去的，只有自己，哭的是自己，擦泪的那个人也是自己。

有些事，只能自己挨着、熬着，别人帮不上忙。

后来，这位姐姐嫁了人，有了孩子，生活得很滋润。我问她现在怎么样，她回答我两个字——挺好。

也许有时候，我们经历过很多事情，也只是为了“挺好”，其实，这也就够了。

当一个人没有什么东西可以失去的时候，他反而有安全感。

无枝可依，无人可寻，无处可去，于是，只能拼尽一切让自己变得更好。

所以，我们有了珍惜，有了感念，有了在那艰难的岁月中难得的回忆，一点儿惆怅，几分淡然。

第5章

痛过了才会波澜不惊，成长了自然云淡风轻

有种感觉，像一生那么悠长

一个月前，分别了多年的大学同宿舍的几个姐妹，终于又聚到了一起。

姐妹们大多已经成家，聚会时都带上了自己的另一半，自成一派，各自其乐融融。

男人们聚会是少不了酒的，尽管彼此间并不是很熟络，但几杯酒下肚后，这种陌生感就立马消失了，关系亲近得像是失散多年的战友。

只有她，安安静静地坐在一个角落里，一边品着茗，一边倾听着我们之间的谈话，好像她不是我们宿舍姐妹中的“老八”。

忽然间，大家都住了嘴，一起转头看着她。七双眼睛注视下的她，显得并不惊惶，完全没有了当年小女孩的样子，只淡然地

抿嘴笑笑，露出几颗光洁的牙齿。

大家不由得问：还单身吗？

她并不觉得唐突，只是笑了笑，算作回答。

这个习惯，她一直保留着，并不多言，不是到了非说不可的地步，绝不轻言半句。随和的外表之下，其实隐藏着一颗柔弱而又执着的心。

大家继续对她关切：还是在等他吗？

她继续点头作答，伴随着点头，她还发出一声轻轻的“嗯”。

干吗要这么执着呢？这么多年了，别为了他苦了自己。我半是埋怨半是心疼地说。

她的脸上、身上，依然保持着原有的从容、优雅，对我的说法既不肯定也不否定，只是静静地听着，似乎我们关切的事情不是发生在她身上一样。

看着她无动于衷的样子，我不禁说道：你这样执念他一个人，值吗？你这个样子，最后输掉的，还是你自己。

她依然是一副淡然的样子，开口说道：找不到比他好的，我何必为世俗去将就？

我们顿时怔住了。谁也没有想到，这么多年了，她竟然还是这副样子。

我们见惯了痴女的样子，也听惯了痴女的故事，但没有一个像她这样的，安安静静，不躁不骄，像一株含苞待放的花朵，只等最爱她的人一吻，瞬时开放。

她与他在高中相识。她清楚地记得，那天正是开学的日子。

他们的高中在县城，学校卧在群山的环抱里，吸引着周边小山村里怀着懵懂和斑斓梦想的学子们，其中就包括同样来自偏远小山村的她和他。

她来的时候，他已经在这所学校里度过了两年时间。

那天，当她提着大包小包的行李走进校门的时候，正巧他也从校外回来，看到如此一个柔弱的女生带着沉重的行李独自行走，就好心地伸出援助之手，没想到却因此种下了一颗种子，在她的心里生根、发芽，没有限制地生长起来。

时间很快过去。当她已经习惯高中的学习和生活时，他已经高中毕业，考入了东部城市的一所大学。他们之间的关系，也在这一年中有所改变，但离恋人的感觉还是很远。

高一学期结束后，她迎来了自己的第一个高中暑假，但她过得并不开心。

每当有邮递员经过的时候，她总是会站在窗前守望一会儿，希望邮递员能从绿色的邮包里取出信，然后高声叫她的名字。

整整一个暑假过去了，她所期望的事情到底还是没有发生。

高二一开学，她就兴冲冲地跑到学校传达室，看到一沓写着她名字的信件，就躺在办公桌的角落里。这让她瞬间感到万分欣喜。原来，他答应给她写信，却忘记要她家的地址，只得把信全部寄到了他们的高中。

拆开信，她看到他粗犷的字体洋洋洒洒地行走在信纸上，洋溢着他对于那个东部城市的最初的感觉，也在她的心中点燃了一个梦想——一定要考到他的那个城市去。

功夫不负有心人。她终于考上了一所位于这座东部城市的学校，虽然她在这两年的信件中，得知他找了一个大学同学做女朋友，但她不在意，并且坚持认为，自己才是那个与他挽手走红毯的幸福女人。

但是，现实总是残酷的。

受到残酷现实打击的老八，就在我们姐妹几个面前，变得时而自虐、时而欢愉，但唯一不变的，便是时常挂在嘴边的他的名字，以及喋喋不休地说他的故事。

都说时间是一剂治疗情伤的良药，但对于老八却丝毫没有效果，她依然坚持着自己的坚持，并且变得更加执着，即便是得知他结婚、离婚、再结婚，然后生子。

老八说，她知道，他过得并不幸福。

但即便这样，又能怎样呢？

为了心中的他，老八独身一人，拒绝任何异性，生怕她的心里没有了他的位置，让他再难找到回头的路。

张小娴曾说，暗恋有时候或许只是一种幻想，当你得到了，幻想也破灭了。得不到的话，这种感觉也许会有一生那么悠长。

我惊叹老八的勇气，不是所有的人都可以忠贞于感情，撞到南墙也不回头。

我们总爱嘲笑痴男怨女们痴呆傻气，却又暗地里羡慕他们的一片赤诚之心。

老是说飞蛾扑火傻得可以的旁观者，一辈子都没有机会体验火和热的绚烂。

颠沛流离的世界，我们从未告别

世上的爱情千万种，最有古典情怀的莫过于“郎骑竹马来，绕床弄青梅”，两小无猜的爱情总是特别中国特别东方。然而，能遇见这样爱情的人少之又少，少到那么多年我只听过这一对——转了一圈，还是散了。

1

她有一个好听的名字，静秋。跟《山楂树之恋》中的女主角名字一模一样，只是没有遇见老三那样痴心不悔的恋人。

为此，她时常嘲笑当年取名字的父亲。

静秋是苏北人。家里重男轻女，父亲是被宠大的一代，于是父亲接着宠哥哥。

哥哥不争气，吃喝嫖赌抽，一样不少。

从她上初中开始，这样的画面就像电影里的特写一样不断重复上演：母亲一边气得发抖骂哥哥，一边用布满老茧的手抹眼泪。

哥哥一开始是沉默，后来被骂得狠了就露出嬉皮笑脸的嘴脸，冲全家人吼：你们反正看不惯我，那就让我被砍死好了！到时候也不用你们去收尸，直接扔江里好了！

父亲呵斥一声，终于归于沉寂。

静秋的家在长江边，她喜欢听轮船的汽笛声，她也喜欢夜晚。母亲告诉她说她是中秋的晚上出生的，读过高中的父亲才给她取了这样文艺的名字。

静秋读高三那一年，哥哥突然“改邪归正”。每天不再赌牌，而是收拾停当骑着摩托去镇里找一个打扮得十分妖娆的女孩子。静秋认识那女的，在镇上一家美容美发店里工作。

“静秋，书不要念了。我们家这个样子哪里能供得起你读大学？再说了，女孩子家家读那么多书做什么？将来早晚都是人家的人……”父亲蹲在地上，嘴里抽着五块钱一包的烟。

静秋一听血往上涌：“凭什么不让我读书？！别以为我不知道你们的打算！哥哥要讨老婆关我什么事？！”

“啪”，一记响亮的耳光打得静秋天旋地转。

静秋直愣愣站在原地，一双杏眼瞪着父亲像瞪视着仇人。她瘦弱的肩膀不住地发抖，她不想哭，只是眼泪汩汩地往外流。

她也不去擦拭，站在院子里把自己当成一根木头。

母亲只是哭。

静秋的内心很矛盾。有时她十分同情母亲，一辈子操劳，伺候父亲和哥哥，一生给自己买过的衣服最贵没超过五十块。

她的手里从来没有钱，买一袋盐都要伸手向父亲要钱。

父亲说你妈妈太老实了，没用，不能给她钱用，给她钱等于送钱给别人。

母亲听了顶多撇撇嘴，讪笑一下。

静秋恨父亲男尊女卑，恨哥哥不学无术，恨母亲懦弱无能。

最后，她连自己也恨上了，恨自己为何不是个男人。

一家人都觉得奇怪，静秋要么不说话，要么开口就是噎死人的话。

母亲私底下跟大娘说静秋太要强了，女人太要强不好，迟早要吃亏。

她是用自己妥协的一生总结经验的。可惜女儿不领情。

话被静秋听见，她不以为然，嗤笑母亲那一套太落伍。

2

乡村的事情就是这样，上午谁家杀了一只鸡，下午就传遍全村。

掌灯时分，静秋家的院子里站了三三两两的乡亲。静秋知道他们都是来看热闹的。

人群里有个瘦高的男生，跟静秋同一所高中。静秋是文科班的尖子生，他是理科班的尖子生。庄上的人都叫他大北。大北姓江。因为在江北的缘故，所以就取了这样一个名。

“叔叔，静秋学习挺好的……”大北率先开了口。静秋父亲斜着眼瞥了下大北，嘴巴都没动。大人说话，哪有你小子讲话的资格？

大北妈妈笑眯眯地望着一群人，阴阳怪气地说：“他二爷，要我讲呀，女孩子读书是没得多大用处哎，她哥哥结婚要紧的哩。”

静秋冷得像冰锥一样的目光射向她，她也不羞不臊，依旧笑嘻嘻。大北为他的母亲感到难为情，原本想要说她两句，看见静秋那道目光，如芒在背。他脸一冷，开口说了句：“妈，这是人家家事，我们走！”

“好走，不送！”静秋冲他的背影喊了句。

她总这样。

3

哥哥的婚事黄了。

静秋得以继续读书。

从此，她的耳边少不了这样的话："要不是因为你，人家女方考虑将来还要供你念书……"她欠了哥哥一笔债。

大北上了北大，学化学。

静秋上了北师大，学中文。

军训结束后，大北到师大去找静秋。静秋记得一年多前他母亲的那番话，避而不见。

大北后来打过两次电话到她宿舍，每次都不是她接的。

舍友告诉她说你那个北大才子来电话了，让你给他回个电话。静秋冷笑一声："什么叫我那个呀？我跟他没关系。"

"切！"舍友哄笑一阵，"那你干吗还老在我们面前说他这样好那样好呀？"

静秋无言以对，只好抱着一本小说把头往被窝里一缩。

事情起变化是在大一寒假快来临的时候。

有天晚上，大北从实验室回宿舍的路上，接到静秋的电话。准确地说，是静秋舍友打来的。"江北，静秋昨天阑尾炎开刀，在北医三院……"下面的话大北已经记不清了，他宿舍都没回，骑上自行车径直就去了北医三院。

大北红着鼻头推门进去的时候，静秋正卧在病床上发呆。静秋木木地望着大北，然后将头一扭两行清泪顺着她那张清秀的脸滴滴答答地落在枕头上。

大北冲她笑了笑，走到她身边，也不等她开口就朝床上一坐。

"谁让你来了？"死鸭子嘴硬，大北心想，静秋就是这样。

大北说："我不来哪个来呀？"

"呸！愿意来的人多着呢……"还是嘴硬，从来不肯认输。

"有吗？我怎么一个没见到？"大北揶揄道。

静秋本来已经不哭了，被他一气眼泪又唰唰唰下来了。她抡起拳头砸向大北的肩膀，口里骂着他说："那你走呀，我又没要你来！"

拳头被大北攥住了。大北一把抱住静秋说："我不走。我来都来了。"静秋在大北的怀里嘤嘤哭泣。

此后一周的时间里，大北常常骑着一辆不知几手的自行车往返于北大和北医三院之间。静秋说天那么冷，你要不就别来了。

大北总是那句"我来都来了"。静秋又说那你坐公交来吧。

大北就说天天在教室里都没空活动，这点儿路就当锻炼身体了。

静秋说不过他，只好由着他。

大北给静秋交了住院费——他替她还给她的舍友们。好在他做家教搞兼职赚了点儿钱。

他每次过来的时候，总会从兜里摸出来一点儿小玩意儿，有时是一个水果有时是一块巧克力，变戏法似的。他走后，同病房的一个老太太说，姑娘，小伙子很不错呀。

静秋被说得不好意思，脸一红低着头嘿嘿笑了两声。

她舍不得吃。下一次大北来的时候她再命令他跟自己一起吃。

4

大四的时候，静秋跑到动物园那边买了毛线和毛衣针。花了两天学习针织，又花了一周时间给大北织了条围巾，白色的。静秋想着大北围上这样的围巾，在未名湖走一圈真有时空穿越的感觉呢。

大北喜滋滋地接过去，每天都戴着。脏了，静秋就拿回去洗一洗。围巾针脚稚嫩别扭，有两处还走错了，大北不以为意。大北宿舍的兄弟管他的围巾叫"温暖牌"，他听了乐得跟个什么似的。

两个人一直没有公开。静秋隐隐地感觉大北的妈妈不喜欢自己。

大北母亲拿着那条已经隐约泛黄的围巾大骂："哪个不要脸的狐狸精给你的？！"

大北脸红脖子粗地跟母亲对着吼："妈，你说话能不能不要这么难听？什么狐狸精不狐狸精的！"

人人都知道大北妈指桑骂槐，有好事的把话传给了静秋父母。

静秋妈气得哭红了眼睛："什么人不找，你非要找她的儿子？你说！你说！他哪里好？"

静秋不吱声。

"丫头，你听我一句劝，跟大北分了吧。有他妈妈那样的婆婆你没好日子过。"

静秋说了句：我知道了。

大北再去找静秋，静秋一律不在家。

年后回北京时，静秋一个人悄悄地走了。

大北给她发信息她不看不回，直接删除。

大北给她打电话，关机，再后来号码也换了。

大北去师大找她，她宿舍同学说，你还不知道吗？静秋搬出去住了。

静秋成了断了线的风筝，大北再也找不到她了。

5

“大北，你怎么回事呀？保研不要，现在也没见你找工作。”一个刚找到工作的同学问他。

大北笑眯眯地说，嗨，找工作不着急。

大北给静秋的一个女同学发信息：知道她去哪儿了吗？

半个月后。

当年那个告诉他静秋生病的女生发来两个字：深圳。

6

大北在深圳一家央企谋得职位。

后来他从乡亲口中探听到静秋在深圳一家报社工作。

他们在同一座城市工作了六年，没有见过面。

六年间，大北的弟弟江南大学毕业又读了研究生。

静秋的哥哥终于结了婚，静秋掏的钱，给哥哥在县城买了套婚房。

静秋自己身无分文。

大北在深圳买了房，静秋妈妈打电话告诉她的，她说，行了，知道了。

又过了一年，静秋妈妈告诉她大北在深圳买了车。

母亲顿了顿，继续说，你年纪也不小了，总该找个对象结婚了吧？给你介绍你老是说不要……

咔嚓一声，静秋挂断了电话。

她烦她的家人。

她很少回家，即便回去也不会在春节。

因此，大北的心每年都在春节起伏一回。

7

大北要结婚了，对象是广东本地人。大北母亲眉开眼笑，四处跟人讲他们家大北如何出息，老丈人家有好几栋楼，光吃租金都吃不完……

静秋回来了。

静秋母亲打电话让她回来的，没告诉她大北结婚，只说嫂子生了，你休假正好回家一趟。

静秋在心底第一次感激她的母亲。母亲这是想替我了断呢，她忍不住笑出来。

大北结婚的前一天，静秋前脚刚进家门，大北母亲后脚就跟进来。

“静秋呀，你回来啦？回来得正好，明天是我们大北大喜的日子，我来请你们喝喜酒。一家人都过去哦。”

静秋妈妈说：我就不过去了，我要照顾孙子。

“我去！”静秋面无表情地说道，一屋子的人都愣住了。

“好，好，好！”大北妈在一连串的“好”字中退出了静秋家的老房。

8

新娘子瘦而黑，微高的颧骨，深陷的眼窝。她穿着红色的小凤仙，挽着大北的胳膊穿梭在酒桌之间。

到静秋这一桌，她的一双眼一直盯着静秋，别人道喜的话好似飘在耳畔。

隔着人群，大北找到了静秋。

她今天刻意打扮了一下。一条大红的棉裙子像泣血的杜鹃，微卷的长发披散着，眼角竟然有绵密的细纹！

大北的心一阵抽搐。

静秋望了他一眼，眼睛里像升腾起了雾气。

“来，谢谢大家！吃好喝好呀。”大北开口了。静秋举起酒杯一仰头喝个干净。

喝得太急了，呛得慌。血气涌上苍白的脸，大北想递给她一张纸巾，一只手在裤兜了辗转了半个世纪那么久，终于还是一脸微笑从她身边走过。

9

“这是你那条‘温暖牌’围巾不？”新娘子站在屋子一角笑着。这是她收拾行李时从衣柜一角摸出来的。

大北有些尴尬，伸手夺了过来。当年的纯白色渐渐变成米黄色，深一块浅一块。

他大踏步往院子外面走。母亲在身后喊：“你拿着那条破围巾干什么？”

“江边冷！”大北丢下一句话径直走了。

10

夜里，静秋做了一个梦，梦见大北反反复复说着一句话：我不走，我来都来了！

命运的平行线，骤然画成圆

不是所有的美好在刚开始的时候就会显现出来，有时，它甚至以相反的面目示人，正如有些看似圆满的王子公主，最后并不圆满一样。

我见过最美的恋人，也见过最平凡的情侣，遗憾的是，我们以为最登对的往往以失败而告终，而那些不被看好不被祝福的爱情却天长地久。

任何语言和逻辑在这里都显得毫无用处。

1

大学同学中有一对活宝。

男的姑且叫他明，女的叫红。

明出生在河北，后来在天津长大，长得白白净净，在外形上绝对颠覆了燕赵义士的固有形象。

他中等个头，人很斯文，说话细声细气，有些女气；走起路来板板正正悄无声息，头发从来都是一丝不苟的。

他的衣服永远熨帖，他喜欢读书和养生，讨厌一切男生喜欢的东西，诸如打牌、打游戏、打架、打球——换句话说，他厌恶一切代表雄性力量的东西。

明行走在校园里的时候，是一道不可多得的风景。他扭扭捏捏，肩上背着一个书包，手里拎着一个巨大的水杯，杯子里永远泡着菊花、枸杞、大枣之类的东西，有很多中药别人都不认识。

据说，他的祖上是宫廷御医。后来，他们家失势了，从只为少数人服务的御医变成为更少数人服务的医生——他们家从不出诊，各种养生药方变成了为小家庭服务的家传秘方。

明的皮肤那叫一个好，好到吹弹可破。古诗里形容美人“肤若凝脂”，我没见过，但我总觉得那皮肤至少要赶得上明才能算好。

他一天要喝八杯水，这是祖传习惯。

我听了就问：你看过《红楼梦》吗？他摇摇头不明所以，以为我要笑话他，于是开口说：我们这些工科生从来不读那些酸不溜丢的书。

我笑笑对他说，《红楼梦》里贾宝玉说女儿家是水做的，你那么喜欢喝水也没见你谈个恋爱什么的。

他脸皮薄，经不住这样开玩笑，脸都红了。

然后我趁热打铁地说，听说你们班红对你挺有意思啊。

他禁不住“啊”了一声。

这也难怪，红与明像泾渭分明的两条线，两条没有交集的平行线。

所有人都觉得明要是能看上红，太阳都能从西边出来，自然，同学们对红所谓追明的流言也感到莫名其妙。

就像黑与白，怎能在一起？

2

红是东北姑娘，样样都很东北。高挑的身材，直爽的个性，赛过男人的酒量，不少人叫她“男人婆”，用今天的话应该叫女汉子。然而，红对这些所谓名号一点儿也不计较，她为人豁达洒脱，与明的忸怩恰好相反。

他们像背道而驰的两匹马——明还是匹瘦马，不堪一击，红像一匹健壮的高头大马。

没人理解红为何会看上明，但显然红对此有自己的理解。她说看见他被人欺负的样子就心疼，恨不得自己挺身而出替他挨几下。

有时明经过红的身边时，红甚至会不好意思地脸红。她常常有意无意跟他进同一间食堂吃饭，又恰巧坐在距离他不远的地方。

她原本吃饭狼吞虎咽风卷残云，然而只要她跟明在同一间食堂吃饭，她就吃得比较斯文，慢且文雅，像明一样。她知道明根本没有注意她，但她还是忍不住改变自己吃饭的方式，这就好比一个习惯穿牛仔裤的女孩子，有一天她突然穿上了旗袍站在灯火辉煌的街头，没人关注她，她走起路来也必定款款而行。

红对明处处在意，时时紧张，但明对她就没有这份心思了。

他们就这样不咸不淡过了两年多，直到大四快要毕业的时候，明他们班同学聚会。

班里一众男生围着明，非逼着他喝酒，声称同学四年竟然没见过他饮酒，这太不像话了，比没见到他近女色还要让人气愤。

明还打算像过去一样找点儿借口搪塞过去，可是根本躲不过。明被灌了一杯啤酒，脸马上变得像一块红布一样。

有人明知故问地说：红你为什么签天津的工作呀？为什么你要跑到天津去呀？明又不在天津。

明留在北京了。

“谁说天津不好？我就是喜欢天津！”她说着这样的话，喝了点儿酒，趁着屋子灯光不算太亮，仔仔细细地正眼看了明一眼。

这一望碰巧遇见明红着脸望着她。两个人迅速避开了对方的眼神。从未有过的戏剧性，像沉默的哑剧，一瞬间有种奇妙的感觉，涌上两人的心头。

有个跟红要好的女同学大着嗓门问：明，眼看着要散伙了，你给个痛快话，你为何不喜欢我们家红？她哪里不好了？哪里配不上你？

明被问得急了，说了句：我没说过我不喜欢她呀。

一群同学马上像炸开锅一样，要他们喝“交杯酒”。第一次，红被人群推到明面前，两个人面面相觑不知如何是好。

红洒脱地拿起酒杯说：你们不要为难他了。我代他喝了这杯酒行不行？

红脖子一扬，痛快地喝完一大杯酒。明在旁边张了张嘴巴，想说什么最终还是沉默地看着她。同学还是不依不饶。红不用别人斟酒，自斟自饮，接连喝了八大杯啤酒！

她喝出了眼泪，眼泪和着酒一起下肚，她从来没有喝过这样酣畅淋漓的酒，好似她这几年的人生全在酒里了。

她一滴也舍不得丢。

等她喝完八杯酒的时候，明站起身来说：别喝了，喝多了对身体不好。我跟你一起喝最后一杯。他搂着她的肩膀一饮而尽。

3

明和红在一起了，在离毕业还有两个月的时候。所有人都不看好他们，以为他们这“黄昏恋”来得有些牵强。更有人说明就是被红感动了才答应她的，毕竟他们大学几年都没恋爱过，算是彼此给对方上一堂爱情的学习课。

他们丝毫不受这些影响，他们爱得比任何人都热烈，像是弥补错过的几年光阴。

两个月后，红去了明的家乡天津。

此后，红经常坐火车到北京看明。

又过了几年，红嫁给了明，红换工作了，跟明一样在首都打拼。

曾经，我们以为的平行线，不知何时，变成了一个圆。

多好！

一步之遥，爱不可及

有些人与我们的关系像两棵树一样，只能遥遥相望却无法相依相偎，我们搞不懂为何明明相爱就是无法在一起，我们看不清命运的翻云覆雨手，就像搞不清一步之遥怎能触不可及一样……

苏小柔今天的一切全是她父亲拼出来的。她5岁的时候，父母离婚，一个住上海，一个住北京，天南地北，她从那时起便开始像候鸟一样迁徙。

有时，她在北京陪着妈妈与新叔叔；有时她到上海陪爸爸和新阿姨。她有两个家，但是她常常感到无家可归。

6岁那一年，她见到她爸爸的一个朋友，30多岁的女性，穿着优雅的连衣裙，那一刻她在心里暗暗决心，将来长大了也要像那个阿姨一样美丽妩媚。

18岁之前的她多数生活在上海，18岁那年她北上去北京读书。

1

我跟苏小柔是在一次老乡聚会上认识的，那一次她在人群里显得特别扎眼。她笑着跟我们说她爸爸老家是江苏的，所以她也算半个江苏人，事实上她四海为家。

很多年以后，她跟我说：亲爱的，对我来讲，哪里有我的爱人哪里就是家，可是，我还没有找到那个人。

苏小柔，人如其名，美丽而温柔。但她的温柔不是没有主见，听凭别人裁决，她的温柔中满是智慧、优雅、从容、力量。

我一度爱她爱到说出这样的话：亲爱的，遇见你，我真恨不得自己是个男人。她每次听到都是满脸堆笑，然后坦然受之。因为她值得这样的赞美。

苏小柔的美丽不像其他美女那样充满侵略性，她像一块温润的玉。后来我想，这也许跟她的经历有关，因为她的父亲是一名出色的古董商人，久而久之，这种东方式的温和圆润之美就被她继承了过来。

她不仅人生得美，她的穿着也美，我记得她无论什么时候出现永远都是一副精致优雅的样子。她在我心中就是典型上海女人的样子，并且是“脱离了低级趣味”的上海女人样子。

我从来没有见过她发火的样子，她生起气来也是美丽的。眉头轻皱，轻叹一声，然后用略微恼火的腔调说一句：怎么可以这样子呀？

她笑起来同样美丽，她不会像我这样哈哈大笑，完全不顾形象。她无论何时何地都保持她的淑女风度。

我的大学时代，在那所非富即贵的学校，我顶多算邢岫烟（《红楼梦》中投奔贾府的穷姑娘）。

小柔有很多漂亮的衣服，有些穿过，有些没穿过。她趁着没人的时候，把我拉到一边，然后将一件绿色的T恤衫递给我，一起递过来的还有白色的棉衣。

她笑着说：这些送给你，希望你不要嫌弃。我们俩身材差不多……你穿着应该很合身。

她这样的帮助，从来不是用那些对着祥林嫂奉献廉价眼泪的看客的方式。

这是我第一次感到小柔的善良与美丽。

2

大一那年冬天小柔的家里出了大事，一直爱她疼她的父亲出了事。一瞬间她感到上海那个家没了，空了。

但是，她外表还像从前一样镇定从容。

从前，她是众星捧月的公主。那时，所有人都围着她转。人人都夸她漂亮，人人都说她前程似锦。她以为自己将来只要随便上个学就可以锦衣玉食一辈子。

后来，她父亲倒下了。一时间，她看懂了《红楼梦》里的树倒猢狲散。过去那些围绕在她身边的人，消失得无影无踪，他们家门前冷落鞍马稀。

她早早地看透了世态炎凉，对此没有太多抱怨，只是淡然地说，这也没有什么不好，人活着，其实用不了那么多钱。人都是趋利避害的，没什么。

自然，这是十年后她的态度。

在当时，这个未满20岁的上海姑娘过了一个不平静的年。

陪她一起过年的是个浙江男人——李骥。

3

李骥是个遗腹子，父亲是个警察，在他还在娘胎里的时候，他的父亲就在一次执行任务中光荣牺牲了。

从小，他跟着母亲相依为命。母亲在父亲走后一直没有嫁人，因为害怕李骥受伤害。

小柔父亲出事那一年，李骥的母亲刚好去世。这个熬了一辈子的女人，终于在儿子长大成人后，带着无限的眷恋、无限的不舍，平静地走了。

小柔给他打电话，每次都在夜里，就像后来他打给小柔的时间一样。小柔说，也许，他们的感情就是属于夜晚的，不为人知，相互取暖相互依偎，度过人生最难的一年。

小柔在电话里哭着诉说没有家的悲伤，她不愿待在北京也不愿回上海，一个人住在空荡荡的大房子里，喝口水的动静都能震动房顶。

李骥说，要不，你来我家里吧。

那一年的寒假，她给自己买了张火车票，从北京到杭州。

4

李骥的家跟小柔的家一样大，她在住进他家里的第一晚立刻懂得了他为何邀请她过来。

面对李骥失去母亲的悲伤，她甚至不再好意思多谈自己的遭遇。世间事，除了生死，都是小事。

李骥陪她聊天，看电视，听音乐，小柔的情绪明显好多了。

小柔说，梁咏琪有首歌，名叫《天使与海豚》，你听过吗？

他摇摇头。

小柔为他清唱了一遍。

李骥听完了，眉头一皱说，太伤感了。

小柔以为他不喜欢这首歌，心里颇有些难过。有时，她又在想，也许是她唱得太难听了。

小柔在的那个寒假，很少见到他。他每晚出去买醉，然后在天不亮的时候回家，倒头就睡。他睡下了，小柔也该起床了。

她为他做了简单的早餐，这在过去简直不能想，因为她是出名的上海小公主。

然而，现在她全做了。尽管，做得不那么尽如人意。

他总是嚷着一句：我想睡觉。

只有到黄昏时分，他们才能真正地一起吃顿晚饭，顺便聊聊天。

白天他睡觉的时候房门紧锁，但小柔还是偶尔听见了他隐忍的哭泣声。她很想进去安慰他，或者说给他一个温暖的怀抱。但，好多次，她走到他的房门前又退了回来。

5

年味越来越重了，小柔待在家里整天足不出户。有一天，李骥拉着她说，走吧，今天带你出去。

小柔问出去做什么，买年货吗？

李骥说：你不是喜欢听《天使与海豚》吗？我们今天去买张碟回来好不好？

两人跑了杭州好多家音像店，老板们的回答都是“没有”。

她靠在马路边的柱子上，闭着眼睛摇摇头叹息道，我可能跟这首歌没有缘分吧，算了，别找了。

可是，等她转过身来的时候却发现李骥不知何时不见了！

这一惊不小，她一个人站在陌生的杭州街头，身无分文，想想都害怕。

然后，她用一分钟时间整理了思路，猜测李骥大约临时有事，而且是急事，所以不告而别。

这时她这才意识到，她竟然没有带手机出来，也记不得他的电话号码。她别无选择，只能守在原地等着。

冬日的暖阳照在身上，她眯起眼睛望着来往的行人，行色匆匆的旅人，不知他们晚上又将投向哪里。

她悲哀地想着，别人都有家，她却没有。

那时候，她就存了一个巨大的梦想。这个梦想就是找个彼此相爱的人，共建一个温暖的、充满生机的家。

想到家，她的脑海里一闪而过李骥的身影。

但是，她知道，他们相遇在人生最糟糕的时候。

她一直倚在那根柱子上没有动。

在她等得疲倦的时候，李骥一头大汗出现在她的面前。

李骥喘了口气，然后递过来一张CD，她瞟了一眼，封面上写着大大的“天使与海豚”。

她有些感动，想要掉泪，然而话到了嘴里变成了简单的两个字：谢谢！

6

寒假回来后，小柔整天单曲循环那首歌，她记不清自己究竟听了多少遍，整整听了一年。

后来，李骥跟她的联络总是淡淡的。他有时会给她打电话，通常是在半夜三更，或者他喝醉了的时候。

他跟她抱怨如今女孩子太现实，然后说自己相亲无数次都没遇见一个合心意的。

好多年，他们就这样不咸不淡地交往着，他们从不提及那个寒假里一起生活的细节，好像要忘了那段岁月。

小柔毕业后去了上海，新入职要学得东西太多，没有时间去恋爱。

李骥这些年则来来往往，她告诉他说，随缘吧。

后来，李骥终于打电话告诉她说要结婚了。小柔说：真好，我替你开心。

她觉得他早该找个知冷知热的女人照顾他了，可是她从来没有想过那个女人有可能是她自己。

她不善表达，从来不会主动表示一点儿想要往前的意思。

他们总是那样，联系不多却随时可以找到对方，无论多晚。平日里，很少想起对方，一旦遇上不顺心的事情又会在第一时间想起对方。

一线距离，却又遥不可及。

7

又过了几年，因为工作的关系，小柔和李骥还有其他几个朋友一起出差。有一次她去他房间的时候，只有他一个人在。李骥突然说：我文了个文身。

小柔说：是吗？她无法相信他那样一个男人会文身。

他点头说：真的。

小柔说：文了什么？

他说：海豚。

想不想看？

小柔慌乱地说，不用了不用了。

然后，再也没有然后了。

不是所有相爱的人都会在一起，就像不是所有不爱的人都会分开一样。有些感情就像清淡的薄荷，从来没有热烈过，但那个味道一直盘旋在你的味蕾上，久久不肯消散。

总是有那么些时候，那个恰如其分的人没有出现在恰如其分的时间里。

第 6 章

你也许很低调，但谁也阻止不了你的骄傲

爱你竟是这样百转千回

爱情里最痛苦的也许不是互相伤害，甚至也不是什么所谓我爱你你却不知道这样的戏码，而是独自等待。

独自等待意味着你要承受孤独、寂寞、嫉妒、想念……所有的一切。

说爱很简单，等待却艰难。说出口只要一瞬间，等待却是漫长的经年累月，没有希望，没有安慰，只有信仰，关于爱的信仰，相信爱能够水滴石穿。所有的独自等待，全是靠着这股愚公移山的妄念才得以坚持。

1

宋之意在上海一家4A广告公司做文案策划，她经手的大小案子无数，别人搞不定的她手到擒来。她是公司里的金牌文案，她

最擅长的是推销，在公司里不说呼风唤雨，也差不了多少。不少同事私底下叫她“工作狂”或者“母老虎”，但因为公司的名字带个“狮”字，所以，同事们更愿意叫她“母狮子”。

宋之意自己也知道，但她丝毫不放在心上。她只有在我的面前才会苦笑两声说：嗨，一个女人谁愿意变得这样惹人厌呀？我是没办法。我没有爱情，没有爱人，如果我连工作都不爱，那我不跟行尸走肉一样吗？

她已经三十出头了。前两年她的父母还逼着她相亲，追着她赶紧结婚，如今他们自己说得烦了，懒得说了，这倒是让宋之意耳根清静了。

其实，她之前不是这样的。至少在几年前，她温柔适意，有人甚至觉得她是个善解人意的姑娘。

这个人的名字叫于小白。

2

于小白跟宋之意是高中同学，他是学校里出名的校草，遗憾的是宋之意不是闻名全校的校花。别说校花，她连班花都算不上。

在于小白面前，宋之意永远像个丑小鸭。她自卑得无地自容。看看人家于小白，那身段、那脸庞、那眼神，还有那樱木花道般的灌篮绝技，什么都别说了，迷死人不偿命。

于小白不仅人长得帅，球打得好，最要命的是他还是个学霸。

按理说，像于小白这种男生，就是天上下雨点也轮不到她宋之意。可宋之意不这样想，她常说她跟于小白那是天作之合，完美搭档。那时候，只要回到宿舍，一群女生谈论的焦点永远是于小白。

宋之意对这种讨论从来都是一副热衷者的模样，她经常是话题的挑起者。她说得多了，就有人把她的话传给了于小白。于小白对她客客气气，十分礼貌。他细心体贴，对每个人都友好，他的友好到了宋之意那里就被曲解成他也欢喜她的意思。

比如宋之意常觉得于小白看她的时候眼神不太对，跟看别的人不一样。她还觉得他跟她说话的时候腔调也不一样。在很多个"不一样"之后，她决心给他写一封大胆的情书，好好推销下自己，就像今天她向客户推销创意一样。

她想了一个星期，然后去校门外的书店里，租了一大摞书，以优秀作文为主。看了几本之后，发现压根不管用，没有一篇是写情书的。后来，她在一个角落里发现一本名人情书大全之类的书，欣喜若狂，花了十八块钱买了下来。

她仔细研究了沈从文写给张兆和的情书、徐志摩写给陆小曼的情书、王小波写给李银河的、鲁迅写给许广平的……看了一大通之后，她发觉徐志摩的太肉麻、王小波的太学术、鲁迅的太枯燥，最终沈从文的情书从强手如林的竞争对手中脱颖而出。

于是，她仿照沈从文的情书，做了适当修改，加上自己的一点儿感受，写了长达三页纸的告白书。她得意极了，觉得自己写得情真意切，于小白这个校草还不手到擒来？

在某个月黑风高的夜晚，她尾随于小白十分钟之后，于小白同学转过身说：你干吗老跟着我？宋之意你是不是有什么事情要跟我说呀？

她脸红气短地将情书塞给了于小白，然后慌不择路，飞奔回校。

3

整个晚上宋之意都没法睡觉，她想了一万种于小白的反应，接受？拒绝？装作不知道？

最后想得头疼万分，天都亮了，她顺势起床晨读，打算用声如洪钟的朗读驱走自己的焦虑不安。

她以为于小白一大早见到她就会给她答复，想不到人家若无其事地从她面前经过，然后像往常一样度过了愉快而充实的一天。

宋之意是个急性子，他坐得住，她可坐不住。晚自习过后，她看到于小白回家，像前一天晚上一样，偷偷地跟在他后面。

在校门外一条僻静的马路上，她喊了声“于小白”。

于小白停了脚步，扭过头看着她说：你找我有事？

那一瞬间，宋之意有种想打他的冲动。这个人，怎能如此无视她呢？好歹她也是个作文在全市获过奖的人。

但内心归内心，她还是满脸堆笑，期期艾艾地说，那个，那个什么你怎么看？

于小白装作一副无知的样子问：什么那个什么？你到底要说什么？

宋之意一生气胆子也大了，她直着嗓子喊：你少跟我装，昨晚给你的信看了吗？

于小白哦了一声，表示明白。然后他低下头，身体微微前倾，向着宋之意那一边，他说：我看了，写得还不错，就是抄袭沈从文那一段不太好。

宋之意的脸立刻红得像火烧，她恨不得马上发生点儿奇怪的事情，这样她就好光明正大地逃跑了。

但是，此刻她不能，她只是站在那儿一动不动。

于小白说，文笔不错、创意不足，革命尚未成功，同志仍需努力。

4

宋之意以后的一年里，格外关注写作技巧的问题，尤其是立意新颖这一块。她的努力没有白费，得到了班主任语文老师的屡次表扬。语文老师还煞有介事地说，他手底下的两员猛将，于小白和宋之意，文风不同，但各得其美，宋之意的文好就好在不落窠臼，不走寻常路。

宋之意听了，然后就瞟了一眼于小白。可于小白，人家压根儿就不搭理她。于小白那会儿跟班花打得火热，没空想起自己从前的一句闲话。

宋之意心灰意冷，独自哭了很久，直到眼睛肿得像核桃一样才回去。

她突然间像变了一个人，变得不爱说话，每天除了学习还是学习。同学偶尔提起于小白的时候，她也懒得参与，她像个聋子一样屏蔽了有关于小白的一切新闻，可是心里又像住了一只猫一样，痛痒无比。

她第一次体会到什么叫心痛，原来心真的会疼，而且是钻心地疼，她这才明白那些作家从来没有骗过人。心痛的感觉原来就像是有人伸出一只手，探进你的胸腔，一阵胡乱摸索过后，找到你的心脏，然后用力一握。

她就这样度过了高三，然后在当年的九月份去了南京师范大学，而于小白则去了南京大学。

5

大一的时候于小白来找过宋之意两次，他跟当年的班花分手了。他的出现又扰乱了宋之意的心，她努力回想起于小白的“革命尚未成功，同志仍需努力”，是不是她要再努力一回？

于是，她又像从前一样开始对于小白展开情书攻势，与情书一起的还有电话。她热烈的情感重新回到了她的胸腔内，像大坝蓄水一样，原本平静无波的感情，如今闸门一打开，只觉得倾泻而下，想拦也拦不住。

于小白在她猛烈的攻势下终于举了白旗，缴械投降。宋之意幸福得不知所以，像失了方向的船只，不知要往哪里去。有一段时间，她给我打电话，十分钟的内容，至少有八分钟是谈论他们的事情。我为了表示感兴趣，常常需要做出惊讶和夸张的样子。

我对她说，我真佩服你，你这样有勇气有恒心。所以，你终于抱得帅男归了。

她哈哈大笑，然后说她是感情世界里打不死的小强。

6

宋之意给于小白买许许多多的东西，于小白请宋之意吃许许多多的饭。宋之意问于小白：亲爱的，你为什么光请我吃饭，不送东西给我呀？

于小白就说，这不都是一样吗？反正都是花钱，还分花在什么地方吗？

宋之意只好说随你吧。嘴上这样说，心里多少有些在意。

春天，她生日的时候，她故意提前告诉于小白。于小白那天还是请她吃了顿饭。她吃得三心二意，心里隐隐有些伤感，她想不到于小白连生日礼物都没买。

在送她回校的途中，于小白终于从口袋里摸出一条珍珠项链。她兴奋得抱住他亲了一遍又一遍。

这是于小白送给宋之意唯一的礼物，宋之意一直戴着，她将这串项链看得比她自己的性命都重要。

宋之意对于小白采取的政策一向是宽容忍让，只要于小白高兴，只要于小白的女朋友还是她，她什么都忍得了，什么都能做，什么都能等。

所以于小白跟她吵架的时候，她总是让着他，过后想尽一切办法哄他开心。

如果说爱也是一架可以衡量重量的天平，那么宋之意的分量未免显得太重了。

宋之意天真地以为自己这样一厢情愿地付出，他总会感动的，他总归要跟自己结婚的，尽管那时候他们大学都没毕业。

于小白觉得宋之意对自己这样情深义重，在扬扬得意之余又会觉得不堪负荷。他是吃定宋之意了，所以“被偏爱得有恃无恐”。

后来，宋之意看张爱玲的《红玫瑰与白玫瑰》，听陈奕迅的《红玫瑰》，感觉好像脑门被人敲开了一个巨大的豁口，呼呼地往脑子里灌风，她那会儿才明白人性的这一点儿贱，全是仗着爱你的人对你的宠爱才敢这样肆无忌惮。

7

天平最终还是严重倾斜了，倒了。于小白提出分手，他带着遗憾的神色告诉宋之意说：很抱歉我从来没有爱过你，我只是被你感动了，你是个好女孩儿，你温柔体贴，你善解人意，你应该值得更好的人来爱。

宋之意只是哭，一句辩解挽留的话也说不出口。她心里想说的是：我之所以温柔体贴还不全是因为你？

但是她没说，她只是没头没脸地哭，但并不是放肆地哭，她压抑地哭，一双手捂着自己的脸，心痛的感觉又回来了，比从前要痛百倍，像一万只手在她心脏那里蛮横地摆动。

于小白说：没有我你照样会过得很好。

宋之意不住地摇头，她想说：可是这个星球上我只想跟你一个人在一起呀。

8

几年之后，宋之意就成了今天这副样子。她变得强势精明，再也不是过去于小白怀里的那个温柔小女人。

爱情令女人变得无比温柔，失恋却令女人变得坚强、强硬。

如今的宋之意硬得像个石头，她将自己变成一个中性人，没有性别，没有爱憎。

于小白一直留在南京，读研、工作，最近听说要调来上海上班了。我问宋之意：他来了，要见你，你见不见他？

宋之意说：都是你，怎能不经过我同意就把我的号码给他？

然后故作叹息：见就见吧，谁怕谁呀？姐姐我现在事业正春风得意，恨不得一日看尽上海的花花草草，他当年也算校草一株，我就收了他吧，权当给他点儿面子。

9

宋之意与于小白约在静安寺附近的一个咖啡馆里，下午三四点的光景，正是慵懒的时节。那一天，她特意穿了件漂亮的湖蓝色连衣裙。她还记得于小白喜欢蓝色。

她比约定的时间早到了整整半个小时。她叫了杯咖啡，找个僻静的角落坐下来，透过玻璃窗她悠闲自在地打量街面上的行人，她自作多情地想象着他们的故事，然后决定是该替他们欢喜还是替他们悲伤。

这些年，她学会了先观察，然后才表达。

她想起跟于小白的那段不足一年的感情，如果那时候的她能有现在这样理性成熟，也许不至于一败涂地。

就在她胡思乱想的当口，于小白应约而至。他手里捧着一束花，笑吟吟地站在她的对面说，送给你，希望你喜欢。

宋之意突然间莫名其妙感到一股心酸涌上心头，从前她巴巴地等待着的浪漫与体贴，如今以这样过期的方式不期而至。

她无比心寒地意识到，她只是他生命里一个无足轻重的过客，好比这次重逢一样，这不过是他的临时起意。

10

那晚回家后，宋之意接到于小白的信息：世间所有的遇见，都是久别重逢。

宋之意突然起了报复心，给他回了句：山寨王家卫的，文笔不错，但创意太差。

于小白说：如果我苦练创意，我还有机会吗？

宋之意说，革命尚未成功，同志仍需努力。

我不会与世界分离，因为我至少还有你

有厌恶榴梿的人，每每见到，避之唯恐不及；某次在朋友做担保的极力劝说下，破天荒尝了一小口，从此爱上榴梿，一发而不可收。

有恐惧集体生活的孩子，整日担忧和四五个女孩子共处一个屋檐的琐碎麻烦；等到四年后分别的时候，想起曾经朝夕相伴的姐妹们，数她哭得最凶。

有性情疏狂、我行我素的青年扬言一辈子单身，说恋爱婚姻实在难以想象；但就在某天转角遇到妙龄女子，之前的清高遗世落了一地。

有时候，认为某件事情自己不能接受，其实只是因为未到时机。

就像小落从来不认为自己会养小动物，虽然她也喜欢小猫小狗的乖顺、调皮和不可替代的治愈系陪伴，但她讨厌它们的毛发、气味和不能自理乱成一团的生活。

小落刚搬来水磨社区的时候，就遇到了一只哈士奇。

月圆的一天，晚上十点多钟，小落和朋友聚会结束，一个人晃悠悠徒步五站地回到水磨社区。黑乎乎的小巷子里，什么都看不清楚。走到门口，一只毛茸茸的小东西从旁边晃荡过来，小眼神无辜得让人不能不理睬。小落试探着在它身边蹲下，小狗并没躲开，还乖乖地让她摸摸自己的脑袋。

小落拿出包里的半袋薯片喂它，它居然吃了，还嚼得津津

有味，发出清脆的声响。小落说，狗狗，我要回家啦，你也早点儿回去吧。说着起身去刷门禁，没想到这小狗自己跟了进来。小落回头停下，小狗坐着，一脸的渴望。这渴望让她自然地想起家里还有一根火腿肠。看它灰白相间的毛毛似乎还算干净，小落抱起它爬上三楼。怕它把零乱的屋子弄得更乱，小落把它安置在门口，找来一只纸箱，铺上自己的旧针织衫，还提供了一只盛水的小碗和一个放火腿肠、肉丁的纸盒。

第二天早上，小落一推门，发现小纸箱空了，火腿肠没了，只剩半碗清水，上面隐约飘着一根狗毛。

正在诧异和担心，隔壁的门也开了。溜出来的竟是那只小狗，摇着尾巴吧嗒吧嗒走到小落门前，用小鼻子嗅着水碗。

随后走出的是隔壁男主人，向小落好一番道谢。原来昨晚他带着小狗遛弯，遇到街边有卖唱的歌手，就被曲子吸引住，等回过神来，转身看他的哈士奇，已经不知所踪了，害得他一直找到深夜。幸好小狗"迷途知返"，又遇小落。小落没好意思说，是怕脏乱才把狗狗留在门外的，幸好没被别人带走。

男主人姓祁，平时靠给网站写点儿稿子来维持一人一狗的温饱。他给自己的小狗起名"靖儿"，"郭靖"的"靖"。因为靖儿，小落和祁先生熟悉起来。

毗邻而居，渐渐熟悉彼此的生活细节，在彼此面前也就不顾虑形象。祁先生会顶着一头乱发，眯着蒙眬的睡眼，来取小落代收的快递；也时常会看到小落趿拉着拖鞋，满手肥皂沫，推开门从祁先生手里接过热乎乎的盖饭。

小落望着隔壁的那堵墙，也问过自己，会不会和祁先生日久生情，但转念就否定了自己。日久生情可以有，但更多的是友情亲情参半吧。

两人都没有太多的朋友，一个忙于工作，一个宅于撰文，不可计算这蠢萌的靖儿给两人的生活带来多少安慰。那些没有存款的日子，祁先生攥着每月不足两千的稿费，交了房租就买一箱挂面，一个月有二十天都在吃面条拌老干妈，其余五天吃米饭拌老干妈，剩下五天小落把他硬拉出去改善生活。即使这样，祁先生仍坚持每天两块肉骨头，再加些白菜，给靖儿炖汤，汤泡馒头。小落总笑他，说对狗比对自己还好，但自己吃东西的时候，也是和靖儿见面分一半。

靖儿不觉长大了，小落和祁先生的生活也日渐宽裕，俩人常常带着靖儿去楼下吃烧烤、涮火锅。小落加班回家晚的时候，总有靖儿守在楼梯口。听到小落和靖儿打招呼，祁先生就走出门给小落递上一份夜宵。小落就是在那时候长胖的。

时间是看不见的列车，转眼又载旅人走过一程。元旦随着一场小雪飘然而至，两人之前约好去参加跨年音乐会。但小落不幸在前一天扭伤了脚，祁先生就陪小落一起在家里看直播。靖儿睡在沙发旁，窗外的白雪把天空衬托得更加安静。没有什么重要的事，新的一年就这样悄然来临。

这年春天，连翘开满路边花坛的时候，祁先生忽然说要回四川，他爸爸病了，需要照顾。这一去也许就不回来了。很多行李物件都可以丢掉，但是靖儿曾与他同甘共苦，一路相伴，是他万万不忍舍弃的。与小落相处时日长久，便只好托付于她。小落说：小祁，你放心，我不会再让靖儿睡走廊了。

此后，就只有小落一个人遛狗、喂饭。隔壁换成了一个刚毕业的小姑娘。靖儿有时还去蹭门，小姑娘听到立即把门反锁了。靖儿知趣，渐渐不再打扰没有主人的屋子。小落一看靖儿，就能想起祁先生贴心、讲义气、不拘小节的点点滴滴。她想去听音乐会，却再也找不到合适的人。

后来，小落遇到了另一位先生，姓齐。齐先生和小落从相识起，就确定无疑地朝着恋爱的方向发展。很多个月上柳梢头的夜晚，靖儿一直趴在门边等小落，楼道里有一点儿声响就起身竖耳，但都不是小落的脚步。小落在家里的时间越来越少。靖儿遛弯的频率从每天一次到两三天一次，甚至一周一次。靖儿最喜欢的肉汤也没空做了，小落出门前就放好狗粮、香肠和水。

每个夜晚回家，看到靖儿扑到自己身上，小落满是心疼和歉疚。可是，即使这样，齐先生还是对小落说，你怎么对狗比对人还好。不是玩笑，更不是夸奖，是不解的成见。

矛盾争执越来越多。他不接受家里养狗，他说摇滚现场太嘈杂，他说你生病是你自己的事情，我没有义务帮你……

再多的“月上柳梢头”，也抵不过“水流云散各西东”。小落付出很多，最终还是一个人冷清退场。

寻寻觅觅，冷冷清清，小落流着眼泪转身的时候，看到靖儿守在身后等她回家。

只有靖儿，无论她去哪里，都坚定地等她回家。

那些日子，清早，小落带着泪痕从梦中醒来，是靖儿在床头温柔地舔她的脸。小落坐在床上一个人吃薯片、听摇滚，靖儿就乖乖地坐在一旁，看看屏幕，看看小落，偶尔低头嚼着小落分给它的薯片。不眠的夜里，小落抱着靖儿不停流眼泪，靖儿看出她的难过，小心翼翼地去蹭小落的脖子，有时用爪子拂过小落的头发，好像在说：乖，摸摸头。

连翘又一次开满城市，杨柳风柔和地吹过小落的窗子。小落还是不知晓隔壁姑娘的姓名，祁先生最终没有回来，也没有人再来相约黄昏后。

小落一个人静静听风、看云、散步、听音乐。

清凉的晚风中，一个瘦弱女子的身旁，一只成年哈士奇与她并肩坐着。夜空的流云来来往往，月亮时而被它们藏起，但始终驻守在墨蓝色的夜空，直到下一个黎明。

岁月给予的一切，都是厚待

上周末，去咖啡馆闲坐。

点一杯老板自制的炭烧咖啡、一份手工烘焙甜点，整个人倚在二楼大窗户前的沙发上，懒散得刚刚好。

外面阳光明媚，照在胡同深处灰色的树杈和砖墙上，投下生动的光影。忍不住拍了一张照片发到朋友圈。

很快有人评论：偷得浮生半日闲。羡慕。

本意是想说，那阳光下的光影，多美。却换来一句羡慕。

这样的阴差阳错，大概也是刚刚好。

我当然也有小小的虚荣心，这浮生的半日之闲，美好如斯的心情，想要被人看见，想让人看了就心生艳羡。

当然，羡慕的人们，并不知道我赶方案赶得昏天黑地、焦头烂额时熬过多少夜，不知道我被总监和客户骂过之后躲在哪里独自哭泣，不知道当我拼命努力也没办法得到任何肯定时的悲惨心情。

他们不知道，我是经历了怎样忙乱繁重、让人压力大到胃痛的一周工作，才终于有了闲情坐在咖啡馆，看时光和风景沉淀在眼底，无限温柔。

道一句羡慕，多么容易。会让人以为自己不能活得像社交网络里的朋友那样光鲜美好，是因为岁月不曾厚待你，幸运不曾光临你。

其实不是的。

那天有人问我：假如给你一台时光机，你是愿意回到过去，还是去看看未来？

当然是回到过去啊，我说，那么多的遗憾，都想要弥补，如果可以回去指点十年前、五年前的自己，不走那条弯路，不犯下那个错误，人生该有多完美。

但当我坐在咖啡馆里，遥遥看向窗外的湛蓝天空，我忽然想，此时此刻的我，其实已经很完美了。

记得十年前的自己，还是个懵懂的小女孩儿，见过的世界只有一点点大，梦想的边界也只敢收紧在眼前手边。

也记得五年前的自己，刚刚毕业，以为自己长大了，成熟了，却在面对一无所知的未来时，仍然胆怯无措，连去哪座城市、做什么工作都决定不了。

而今天，我在自己最爱的城市里，为生活奔忙，为理想打拼，坐在它的怀里享受时光和生活，一点儿一点儿成长为自己喜欢的样子。

所以我想，即使真的回到过去，我也没什么好说的。

无论时光倒流多少次，我一定还会做出相同的选择，走同样的弯路，犯同样的错误，在同一个夜晚痛哭流涕，在同一个清晨迎着阳光重新走出去。

岁月并没有厚待任何人。

每个人，都是要付出才有收获，要迷茫过才拥有坚定的目光，要受过许多伤，才能让自己变得强大。

咖啡馆的年轻老板娘，是我熟识的朋友。她从国外留学回来，和男朋友一起开了这家店。我想，对她说“羡慕”二字的人，应该更多。

一问，果然如此。

她笑道：“我也羡慕我自己呢。”

笑得那样明媚，仿佛生活美好得不带一根尖刺，从不曾将她刺伤。

怎么可能呢？

早年她去欧洲留学时，和父母闹翻，和男友分手，一个人孤零零去了异国，过了整整一年才交到朋友。刚开始拿不到奖学金，找不到打工，生活陷入绝境，有一周时间，每天只吃一个面包。学业压力最大的时候，她甚至得了失眠症、厌食症。

有很多次，都觉得自己绝对撑不下去了。

但如今她和心爱的男友在一起，各自辞掉在欧洲的工作，刚刚结束环游世界的旅行，回来开一家咖啡馆，过上了梦寐以求的生活。

这是她应得的生活。

如果可以，我们都希望人生不要经历那些山高水长、怎么也走不出去的绝望，不要见识这个世界不由分说的、谁也无力改变的残酷，不要在最好的年华里，爱不了想爱的人，做不到想做的事，青春灰暗，梦想搁浅……

但你终有一天会发现，岁月给予你的一切：所有的伤痛、磨难、磕磕绊绊、跌跌撞撞，都是最好的厚待。

与你的软弱握手言和

受伤的时候，痛苦得难以承受的时候，放声大哭一场，又有什么不可以？就尽情地让自己软弱，向命运撒娇赖皮，向这个世界的残酷暂时举手投降，又有什么不好？

曾经，有个相熟的姐妹失恋、失业，还失去了自己最爱的宠物，一下子觉得陷入人生最低的低谷，伤心过度，无法振作，窝在家里不出门，提不起精神做任何事。

几个姐妹相约去她家，她蓬头垢面、脸色憔悴地来开门。坐下来聊天，她说起劈腿甩掉她的前任，说起人生前路的茫然，说起宠物死之前的情形，满脸的无法释怀，但问起她有没有哭过时，她却咬牙说道："我不想为了这种事情哭。"

我们都愕然，或许她觉得哭泣代表软弱，但若不为了这种事情哭，那人生还有什么值得哭泣的事？

"我们来看电影吧。"

正在大家面面相觑，不知该说些什么的时候，有人建议。

选了一部催泪电影，准备了一大沓纸巾，几个人陪着她边看边掉泪，等到电影播完，纸巾消耗完，眼睛肿成桃子，那压抑在心底的沉重悲伤好像真的释放了许多，减轻了许多。

后来这位姐妹和我们说："哭的时候才肯承认，其实我好伤心，好难过。但神奇的是，哭过之后，发现自己已经没那么伤心难过了。"

我们都是人，普普通通的人。

当然可以咬牙走过很长的路，熬过许多难熬的伤痛，但我们都不是铁打的。躯体和心灵，都不是。

受伤的时候，痛苦得难以承受的时候，放声大哭一场，又有什么不可以？尽情地让自己软弱，向命运撒娇，向这个世界暂时举手投降，又有什么不好？

好过强撑起的坚强，以为自己张牙舞爪，其实内里早已千疮百孔，脆弱不堪。

承认脆弱，才会治愈脆弱；释放悲伤，才会治愈悲伤；流着眼泪，和软弱的自己握手言和，时间才会愈合一切。

第7章　带着梦想流浪，直至遇见最美好的自己

不必一路狂奔，累了就停下来看看美丽的风景

在有限的时间和精力里，给自己一点儿慢下来的时光。你并不需要用艰苦的努力去感动别人、感动岁月。你只需要按照自己的方式和节奏好好生活，就已足够。

读苏静的《知日》系列，读到一个可爱的故事：

日本职业拳击界有一位名叫高岛龙弘的拳击手，他在高中时期，就已经获得大阪职业拳击比赛的冠军，被媒体称为“拳击少年”，小小年纪十分厉害。

但是，在成名之前，龙弘其实有过一段奇遇。甚至可以说，正是这段奇遇，成就了日后的职业拳击少年。

13岁那一年，他曾经离家出走。

出走的理由，是因为压力太大。当时，他在五个兄弟中排行

老三，因为父亲在他上小学的时候就去世，龙弘从小就肩负着照顾两个弟弟和练习拳击的重任。到了13岁，他终于因为家庭和练拳的双重压力，穿着制服离家出走了。

漫无目的在外游荡着，当他走到隅田川大堤的时候，已经身无分文，肚子也饿得厉害，但他实在不想就这样回家，一想到回家之后需要面对的一切，他就觉得还不如饿肚子。

游荡中，遇见一位50岁左右的流浪汉大叔，于是龙弘央求大叔收留他。大叔虽然对突然出现在面前的少年感到吃惊，但也很爽快地同意了。

从此，龙弘开始了流浪汉的生活。

白天，他和大叔一起去便利店乞讨过期的便当，晚上就在大叔的帐篷中裹着毯子睡觉。没有心情外出的时候，一老一少会在一起聊聊天，但龙弘从来没问过大叔为什么会沦为流浪汉，而大叔也没问过龙弘为什么离家出走。

两个人默契地一起生活了大半年，其乐融融。

直到有一天，大叔突然平静地对龙弘说："是时候回家了吧，家人和朋友在担心你呢。"

听到大叔这么说，龙弘才忽然记起家中的弟弟和一起练拳的伙伴，他惊讶地发现，当初离家出走时的绝望不知什么时候消失了。如今他回想起过去的生活，只剩怀念和眷恋。

他想，是时候回家面对一切，重新振作起来了。

后来高岛龙弘在大阪的职业拳击比赛中获得冠军，在接受采访时，他特意感谢了当初帮助过他的流浪汉大叔。

只是那位大叔这时已经搬离隅田川，不知道又流浪到哪里去了。

当流浪汉的体验，什么也不做、什么也不追求的时光，净化了拳击少年的心灵，给了他重新振作的力量。这听起来像是日式小清新励志电影才会有的桥段。

但我相信这是真的。

龙弘也好，我们也好，谁都是铆足了劲走在人生路上，一刻不敢懈怠，只因为父母告诉我们，时间就是金钱，要努力，要进取，要比别人更好、更快、更厉害，就必须付出比别人更多的辛苦经历。

但其实，我们都害怕承认这一点：我们只不过是害怕被落下，被嘲笑，被蔑视，才不肯安逸，甘愿吃苦受难，让自己拼了命地往前跑。

但是，人生有时像一根绷紧的弦，绷久了，会断。

电影《丈夫得了抑郁症》里，那个丈夫脑中的那根弦，就断得悄无声息。

他每天睡不着觉，也没有食欲，却仍然准时起床准备早餐和便当，准时出门上班。结果，他并没有去上班，只是坐在公园长椅上长久地发呆。他想：不行啊，我必须振作啊，努力啊。但他仍然只是呆坐在那里，无法振作，也无法努力。

那根弦断了，就再也振作不起来了。

后来他终于去看医生，辞职在家养病。他的妻子小晴并不是坚强的妻子，她没有在丈夫得病后痛苦万分，然后逼自己全力撑起这个家。

小晴只是在丈夫得了抑郁症后，在日记本上写下一句话：我才不努力呢。

她只是微笑着告诉丈夫，没关系，不努力也可以。

如果痛苦的话，就别努力了，保持平常心就可以了。

平常心有多难得呢？

或许你需要亲自去体验流浪汉的生活才能明白，或许你需要生一场病才能理解，又或许，你只需要慢下来，在生活里领悟。

人生真的不只有一条狭窄的路可走，这世间也并非只有一种成功的方式，并非成功就能拥有一切，失败就会失去一切。

是谁说过，我们生来普通。拔尖的人永远只是极少数，大多数人都只是普普通通度过一生。所以，不要用成功的压力把自己逼迫得无路可走，不要逼迫自己。在有限的时间和精力里，学会给自己一点儿慢下来的时光。

你只需要按照自己的方式和节奏好好生活，就已足够了。

将自己“抵押”给更美好的事物

何不倒掉温情脉脉的鸡汤，把人生形容成一场残酷的冒险？告诉自己，假如只是坐在那里，什么都不想失去，什么也不“抵押”，就会坐在原地，让所有的梦想烂在腹中。

那天，无意间看到卡梅隆的人生履历。

此前我对这位好莱坞大导演的印象仅仅停留于他拍了当时世界票房最高的电影《泰坦尼克号》，后来又拍了《阿凡达》，刷新自己创下的票房纪录，总而言之，是一位很成功的商业导演。

看完他的履历才知道，原来他还是单人抵达深海极限（马里亚纳海沟水下近1.1万米）的第一人。

这位疯狂的探险爱好者，曾经花二十年时间研究泰坦尼克号，是世界上首次使用机器人进入海底沉船遗骸内部进行拍摄的人，他拍的探险纪录片，都是以自己的真实探险经历为题材。

而作为电影人，他革新了水下特技，为3D技术带来历史性突破，数次打破世界电影成本纪录，又数次打破世界电影票房纪录。

这是一场时刻都在"折腾"的人生。

"如果你总是担心，而不迈出那一步，那么，你什么都不会得到。"

从他嘴里说出来的这句话，完全是他人生的写照。他永远都在"迈出那一步"，不仅事业，感情和婚姻也是如此，他活得永远像个老顽童。

有人说，他的生命永远是抵押出去的，抵押给梦想，抵押给冒险，抵押给世界上最美好的事物，抵押给好奇心和对世界孜孜不倦的探索，最后，抵押给他所爱的妻子和儿女。

很喜欢"抵押"这个词。

《海贼王》里的主角路飞出海冒险时，别人问他："你不怕死吗？死了就什么都没了啊。"路飞说："我有我的野心，有我想做的事，无论怎么样我都会去做，哪怕为此死去也不要紧。"

他说："没有赌命的决心就无法开创未来。"

我们活在这世上，何尝不是一场冒险，何尝不是在赌命，把自己的性命"抵押"出去，才能换来上天许诺的点滴收获？

把生死抵押出去，才能换一场人生；

把时间和努力抵押出去，才可实现一个梦想；

把爱抵押出去，换来另一份爱；

把苦难抵押出去，换来未来的美好；

把恐惧抵押出去，换来波澜壮阔的冒险；

……

何不倒掉温情脉脉的鸡汤，把人生看成一场残酷的冒险？告诉自己，假如只是坐在那里，什么都不想失去，什么也不“抵押”，就会坐在原地，让所有的梦想烂在腹中。

在咖啡馆闲坐时，隔壁桌一对情侣，互相拿着小叉子给对方喂提拉米苏吃，你一口我一口，甜甜蜜蜜。

女的忽然问：“你的理想是什么呀？”

男的答：“养你呀。”

听了这个不知从哪儿学来的标准答案，女的假装生气：“我才不要你养。”

“可是我想养你。”

这当然只是情侣间的情话戏言，却让一旁的我想起在英国留学的堂姐。

在去英国之前，堂姐也有一个爱得如胶似漆的男友。

如今她一个人在英国，单身。每天上课、打工、和朋友一起泡吧，来年就要毕业，打算在那边找工作。

有时在线上和她聊天，她都只谈课业、未来的计划、英国的天气，绝口不提爱情。

得知她决定去英国留学时，男友很崩溃，哭着求她不要离开他。一开始，面对他的挽留，堂姐很感动，内心也很动摇，直到男友说出那句话："你不用那么辛苦去国外念书啊，以后我养你就行了。"

男友家境相当好，说要养她，自然不是说说而已。

但堂姐愣了半晌，才说："你知道我的梦想是……"

男友打断他："有我的爱还不够吗？我说了我养你啊。我一定会爱你一辈子的。"

堂姐沉默许久："我曾经和你说过我的梦想，可是你不记得了，对吗？"

男友真的不记得了。或许在他眼里，女人的梦想并不重要。

堂姐的梦想是成为一名国际记者，为此才选择去传媒业发达的英国学习。可是他却说他养她。他们根本就是两条平行线。

原本火热的爱一下子冷却下来，她很干脆地和男友分了手。

或许再也不会遇到像他那样细心、温柔、痴情的男人了，或许她从此会变成只拼事业的"缺爱"的女人，可是，她并不需要一个不懂得她的人在身边嘘寒问暖，那样暖巢会变成她人生的牢笼。

很多天后，我看到堂姐在她的推特上写下这样一句话：

"或许别人觉得爱情美好，但我觉得梦想更美好；或许别人需要房子，需要婚姻、金钱、稳定的生活带给她安全感，但我觉得梦想给予的安全感更大。"

所以她的选择是：放弃自以为美好的爱情，和真实的梦想在一起。

前两天，参加一个聚餐。席间有人感叹"北漂"之苦，为了梦想来到这座城市，远离家人，忍耐寂寞，挤着地铁，吃着煎饼，辛苦拼搏，如今梦想成了碎梦，不知何时才能成真，而家乡的他早已结婚生子，幸福生活……

此言一出，附和者众多。在座数人，除了一两个北京“土著”，其余皆是“北漂”，尽管多数事业小成，房子已经付完首付，但说起漂泊之苦，都是各有各的心酸，一时间唏嘘慨叹声此起彼伏。

这时，有人冷笑一声，“又想陪父母，又想好好结婚生子过安逸日子，又想实现梦想，事业名利双收，你们以为自己在演《哆啦A梦》剧场版吗？”

一句话，犀利得让所有人无言以对。

接下来的聚餐，再也无人提起这个话题。

后来我和这位语出惊人的哥们儿有过一些工作上的来往。

一日谈毕工作，聊起当日的事。

他不好意思地说：“当时我说话冲了点儿，但我的确很不喜欢听人诉苦。人不可能什么都要，这是一个很简单的道理。难道你不觉得，感叹漂泊很苦，这本身就透露出一种不自信吗？漂有什么不好？比如我，我的梦想是开一家特别大的上市公司，那我就得把自己抛离安全的轨道，就得漂着，漂着我才能强大啊。你要真给我舒适安稳的日子过，我还担心我的拼劲会被消磨没了。”

“选择了就要认，否则不要选。”最后他总结道。

的确如此。

我们都不是大雄，都没有哆啦A梦，所以不能任性。把自己抵押给梦想和冒险，就不能再同时抵押给安逸的现实。

但勇敢、自由、梦想、努力、志同道合的伙伴，难道不是人生最美好的事物？我们都是为了和这些更美好的事物在一起，才做出了最好的选择，像韩寒说的那样："和你喜欢的一切在一起。"

这是一个简单的道理：当你已经和人生里许多美好的事物在一起时，那么对于已经押出去的筹码，就不必再扼腕叹息。

终于不再全心全意去恨你

朋友娴来北京的第一年，住在一间隔断小屋中。房间不足十平方米，一张简易床占去了大半空间。厨房、卫生间、阳台与别人共用。彼此处于同一屋檐下，照面却从不说话。

她时常站在阳台上看对面那幢居民楼，每扇窗里或有相拥的情侣，或有一起吃晚饭的家人。而她好像在看一部深情的默片，欢愉欣悦都属于别人，而她自己什么也没有。

她每天上班，下班，然后蜷缩进这间屋子里。时间久了，寂寞惯了，也就不觉得日子有多难熬。毕竟，一天只有二十四个小时，不长也不短，天塌不下来，日历总会按时被撕下一页。

刚搬来时，隔壁是空着的，越是失眠的夜里越静，让她觉得心里发毛。大概一个月后，她下班回来时，看到隔壁的门虚掩着，里面一个扎着马尾的女孩儿正在收拾衣物。

娴心里想，也该有点儿声响来证明自己不是生活在真空中了。枯燥的日子，就这样有了一点儿颜色。

那个女孩儿每天回来得很晚，但是不管多晚，她都会在洗漱之后，打一通电话。她的声音带着一点儿南方的软糯，即便有时说话重了些，也难让人生气。

娴以前下班后太过无聊，便胡乱看些电影打发时间，如今当隔壁的女孩儿转动门锁时，她便莫名欢喜起来。娴将电影的音量调到最低，听对方脱下高跟鞋，窸窸窣窣换下衣服，然后穿着拖鞋走到卫生间洗漱。

娴看一眼手机上的时间，她知道大概半个小时后，这个女孩儿便会重新回到屋内。每当对方如期回去后，娴感到莫名高兴。如若对方比她预计的时间迟了三两分钟，她又会变得焦急与烦躁。之后，女孩儿便躺在床上打电话。娴并不能完全听懂她温润柔软的方言，却能大致猜出她在给远方的男友打电话。在电话里，两人你侬我侬，相互鼓励着，这样分隔两地的日子不久就要结束。

娴望着天花板，听着隔壁传来的细密声音，忽然觉得这个女孩儿就是当年那个刚刚毕业的自己。

只是，彩色的回忆已经用光，只剩下了些许凌乱的残骸。稚嫩渐渐褪去后，娴终于变成如今冷漠的样子。

当初，娴也是借着一根电话线，排除众多嘈杂的声音，只倾听男友那独一无二的声音。有时想念太过猛烈，连电话都不能解相思之苦时，她便坐一个多小时的地铁赶到火车站，买一张站台票，在候车厅里从傍晚坐到天亮。等到抑制不住的热情渐渐冷却下来后，她便会搭着地铁原路返回。

初入公司，面对脾气暴躁的领导、难以相处的同事、磨人琐碎的工作，她感到前所未有的沮丧。对眼前这一切厌倦时，她就会想到远方还有一个人默默支持着自己。想到对方在另一座城市里像自己一样艰难地生活着、存在着、坚持着，她便心甘情愿接受当下的境遇。

他的存在，对她而言是那样重要。

虽然，平时也有争吵，但每次争吵过后，她还是有重新爱他的冲动。

他们只是说以后一定会在同一个城市共同生活，却绝口不提在何时在何地。在她工作满一年的时候，她决定利用休年假的时间去千里之外看他。是的，爱一个人的时候，即便飞过一千公里的路程只是见五分钟，我们仍会毫不犹豫地飞奔着去见对方。

娴在收拾衣物的时候，忽然萌生要搬到他所在城市的想法。既然这份靠电话维持的爱情，必定要由一个人放弃稳定的工作与熟悉的城市，才能换来两个人的相守，那她愿意做这个人。于是，她辞掉工作，结清房租，与好友吃了一顿散伙饭，买了一张火车票便来到了北京。

可是，她不曾料到，她凭着爱意跨越的一千公里，只换来赤裸裸的真相，就像积雪融化后的大地，狼狈至极。

从持续的倾听中，娴渐渐了解到，隔壁女孩儿在毕业后进入北京一家外企，而男友决定暂时留在上海发展。起初，两人工作都不太如意，好在女孩儿那娇柔温和的缠绵絮语融化了世间的寒冰。娴想着，电话另一端的男子定是幸福的，无须花光所有运气，便遇见这样一个契合心灵的伴侣。

然而，娴曾经的男友，又何尝不是好福气。偏偏是，有福气的人，不懂得惜福。而那些倾尽全力生活的人，一不小心便摔得体无完肤，热情渐渐褪去，唯留下满心的恨。

娴无法预测，迎接隔壁女孩儿的是热腾腾的幸福，还是冰冷残酷的断壁残垣。

约莫大半年之后的一天，娴看着手机上的时间渐渐跳过深夜十二点，而隔壁丝毫没有动静。等她迷迷糊糊睡过去时，隔壁的门吱呀一声开了，接着便是女孩儿将高跟鞋脱下扔到地上的声音。

娴猛地清醒过来，静待对方换衣服，洗漱，然后打电话倾诉这一天发生的琐事。然而，隔壁屋中忽然响起一个男生轻微的问候，女孩儿呢喃着说等这一天已经等了很久，糯软的声音里能清晰地听出细密的笑意。

隔壁女孩儿终于穿过那条漫长的隧道，从漆黑的夜幕中看到前方有些刺眼的曙光。

娴慢慢地坐起身，走到窗前，看着对面楼里零星亮着的灯光，不禁流下眼泪。

一年之前，她凭着一股热情辞掉工作，提着全部家当来到北京，决意要与男友厮守终生。走出火车站，她打通男友的电话，兴奋地将自己的宏伟计划告诉他。对方在长时间的停顿后，却质问她为何不与自己商量。她无言以对，只觉心凉了半截。

等他赶到火车站后，已是午后4点。在看到他的那一刻，她丢下手中的行李，迫不及待地扑上去，而他只是彬彬有礼地躲避。

他走过去拾起地上的行李，放进开来的宝马车里。娴瞠目结舌地站在路边，看着车里坐得安稳的娇贵女。

一切都已明了。他找到了一条出人头地的捷径，而自己顺理成章变为牺牲品。

来到北京，是她自己的选择。抛弃自己，是男友的选择。这其中并不存在什么对错，只是选择不同而已。但她没有那么大度，弄得遍体鳞伤后，她做不到那么快就原谅对方。

因而，她蜷缩在一家小公司里，蜗居在一个隔断间里，说不上破罐子破摔，但她已经在全心全意的恨中，开始麻木。

不是生活对她太苛刻，是她丧失了成全自己的力量。在黑夜中绝望过的人，连温暖都狠心拒绝。

直到倾听了隔墙这个女孩儿半年多的电话，直到这个女孩儿的男友千里迢迢来到她的身边，娴死寂的心才渐渐苏醒过来。

生活确实需要执着，但不必要的执着不过是苦了自己而已。

幸福，到底需要自己去争取。

那一晚，娴在隔壁絮絮叨叨的谈话声中渐渐睡熟。

第二天，阳光洒到窗台上，她睁开惺忪的睡眼，觉得这个世界无比温暖。去卫生间洗漱时，她路过厨房，看到隔壁的女孩儿正在煎蛋，香味混合着爱意溢出来。

娴忽然不再恨了。

冻红的鼻尖和嘴边氤氲而出的气，其实都是无可替代的幸福。与其花费那么多精力念念不忘，倒不如将时间花在美好的事物上。

想念之后，遗忘之前

《红磨坊》中有句台词至今让人印象深刻：

“永远不要坠入爱河，永远。”

说这话的人，吃尽了爱情的苦。被爱人狠狠抛弃，而自己仍不争气地奢望他回到自己身边。平日里她都是一副趾高气扬的样子，对任何事情都不屑一顾，偏偏在他面前，颔首低眉，不知不觉就卑微到泥土里。

越是被思念压得喘不过来气，越觉得那个人不可或缺。

至于遗忘，也就越觉得是不可能做到的事。

薇一天打两份工，白天在一家西餐厅洗刷盘子，晚上9点过后去一家24小时便利店做收款员。在两份工作的交接时间，她去接上幼儿园的儿子。

每天傍晚，当她匆匆赶到幼儿园时，儿子都独自坐在琴室里，百无聊赖地胡乱按着黑白键。她一阵心酸，走过去把儿子拥在怀里。

然后，她和值班的老师打过招呼，就领着儿子慢慢往家走。路灯下两道拉长的影子，无比落寞。

这样暗淡得看不到任何光亮的日子，薇一过就是五年。五年之中，她蜗居在一间不足十平方米的潮湿小屋中，没有时间赏春花秋月，也记不清四季轮回了几遍，甚至连睡到自然醒都成了遥不可及的奢望。

在朋友眼中，她以前是一大朵热烈的蔷薇。可是，蔷薇的花期太短，凋谢得太快，盛开的时间太仓促。

遇见让薇奋不顾身的那个人时，她刚上大一。像是逃出了牢笼的小鸟一样，她在大学里尽情地抖动着轻薄而美丽的翅膀。无论停驻在哪里，她都是一道明朗的光。

各个社团都争相邀请她加入，她端着刚刚好的架子，说要再思量一下，委婉地将来人打发掉。她并不是不想参加社团活动，而是认为进入某一社团，就等于舍弃另一些。既然如此，索性都不选，这样也就用不着顾此失彼，反正举办活动时，她总会收到邀请函。

那时的她，是这样骄傲。或许，在没有遇到爱情之前，每个人都可以这样骄傲。

有一天，她被舞蹈社邀去做嘉宾，而且要求和外校来的一个即将毕业的男生表演一段舞蹈。她画着淡妆，穿着白色的舞裙在舞蹈室里等他，镜子里反射着她娇美的样子。

过了大概半个小时，门吱呀一声被推开。薇从镜子里看到，走进来的男子穿着白衬衫，蓝色牛仔裤。对方在镜子里定定地看着薇的眼睛，带着一点儿戏谑，欣赏着她眼神里那一点点无辜，还有一点点受惊。

原来，世间是真有一见钟情这回事的。

练舞时，素日里最大方的她，倒显得手足无措起来。他轻轻扶着她的腰，她犹豫许久才将手搭在他的肩膀上。音乐响起来时，她几次迈错脚步，踩住他的脚，脸红得一塌糊涂。

那一晚，她躺在宿舍翻来覆去，脑海中全是他穿着白衬衣与自己练舞的样子。

在薇没有任何准备时，爱情就这样毫无征兆地来临。

第二天，她在专业课上收到他示爱的短信，几乎没有犹豫，她不顾教授的眼光，扔下课本与笔记便拿着包包离开了教室。

在学校门口，她跳上驶来的公交车，心狂跳着来到他的面前。

她还是那样害羞，不敢抬头，但眼神里早盛满了笃定。他刚一张开手，她就红着脸扎进他的怀里。

他们就是这样开始的，你情我愿，不许诺言，也不说一辈子。

世间不乏为爱奋不顾身的女子，却鲜有能坦荡承担起那份炽热的爱情的男子。

《年华似水》里写道：“我觉得世界上所有事情都在你没有准备好的时候，就开始；在你准备好的时候，就结束了。”

在那个盛夏，她即将迎来大学第一个暑假，而他收拾行李离开了学校。她觉得这将是一个全新的开始，而他只言片语未留，便悄无声息地去了另一座她不知道的城市。

他没有留下任何联系方式，她只记得他最后一个吻，像是一片雪花落在脸颊上，有些冰凉，也有些柔软，还未来得及细细体会，就化得无影无踪，只留下那么一丁点儿糯软的湿意，作为这个吻曾经存在过的证明。

在他离开之后的日子里，她每每觉得撑不下去的时刻，就会想起这个吻。

她一遍遍告诉自己，他真切地爱过自己，他只是暂时消失，他还会回来。

然而，三个月过后，她没有等到爱穿白衬衣、蓝色牛仔裤的他出现，却等来了肚子里的新生命。

有人说，世上最寂寞的景色，是被雨打湿的东京塔。而对于薇而言，看着蔷薇一样的自己一日日委顿下去，而没有任何人来安慰，才是世间最孤独的景色。

蔷薇开放时，最不缺少的是人们的溢美之词；蔷薇凋落后，最不缺少的是人们的冷嘲热讽。薇在肚子凸显之前，到教务处办了休学手续。而后，她在郊区租了一间小屋，暂时住下来。

她没有回家，她不愿父母在村镇上抬不起头来。

世界无穷大，顷刻之间都与她没有了关联，她所关注的，只是如何活下去，如何生下肚子里的孩子，如何等来他的消息。

岑寂的夜里，尤其适合想念。初遇时凌乱的舞步、热恋时的意乱情迷、没有说出口的一生一世，都让她怀念。

有时打工累到筋疲力尽，甚至动过自杀的念头，却都挨了下来。她可以死去，但孩子无依无靠。更何况，如若他有一天回来，也寻不到她的身影了。

日子就这样一天天过去了。

这些年，始终远远地陪着她的，是她的青梅竹马陈建。他追随着她的脚步，与她上了同一所大学。在她休学之后，他每个周末都会为她置办一些生活必备的东西。她说会永远留在这座城市里，他也就于毕业之后在当地找了一份工作。

他懂得分寸，不远不近地守候着。所以，薇从来未曾觉得有压迫感与窒息感，坦然地接受他的照顾与包容。

直到前些时日，薇匆忙跑进幼儿园里的琴室后，儿子第一次没有欢喜地跑进她的怀里，而是一边胡乱地按钢琴键，一边疑惑地说道：小伙伴们都是爸爸来接，为什么自己都是妈妈来接，那个经常来家里的叔叔不是爸爸吗?

她愣在原地。

这一天到底还是到来了，孩子已经长大，开始追问爸爸的下落。

忽然之间，她觉得累了。

在哄儿子入睡之后，她拿着手提包赶往24小时便利店。刚一出门，便看到远远站在路边的陈建。她稍稍踌躇后像往常那样迎上去，她问他这么晚了来这里有什么事情。他笑笑，说不放心在屋里睡觉的小家伙。薇猛然想到每天晚上出门时，身后一闪而过的黑影，继续问道：每天晚上都会来这里？陈建只是笑，不回答。

那天晚上，便利店的顾客格外少，薇站在收银台前，心中五味杂陈。

她其实明白，自始至终，她都在为这场等待做无谓的牺牲。到头来，她没能做到遗忘，却让思念都生了茧。

而陈建又何尝不是如此，明知薇的心里没有为他留任何位置，却仍要做她最忠诚的侍卫。

在遗忘之前，支撑着他们的是对爱的执着，以及对失去的不甘心。

而他们在这些难熬的岁月里，看穿了所有的无常，修出了一身通透。

既然已经没有什么可失去的，那就放自己一条生路，给一直陪伴在身边的人一个机会。

薇终于肯转过身去，清清楚楚地看到了一直站在角落里的陈建。

陈建笑着笑着就哭了，擦干眼泪，他煽情地说道：

我还是没有变成王子的青蛙，但是你永远是我的公主。

薇白了他一眼，继而也笑出了泪。

不提旧爱，不拾朝花

沈从文说：“在同一人事上，第二次的凑巧是不会有的。”

我对这句话深信不疑。生命没有彩排，所以不能重来。青春只有一次，流走就只剩下回忆。曾经爱过的人，分开之后也就成了熟悉而陌生的路人。

不必再做重新开始的黄粱之梦，你要知道，纪念过去最好的方式，不是一遍遍幻想如何挽回，而是互不打扰，在各自的生活里随遇而安。

童月出生在很贫穷的山村里，五六岁时便成了留守儿童。在她的记忆里，几乎没有父母的影子。晨昏日暮，陪着她的都是佝偻着背的奶奶。

她的童年时光，像是一场下不完的梅雨，因父母的缺席而潮湿得要挤出水来。即便不下雨，厚重的云彩也积聚在天空，密密实实地遮挡着阳光。有一两年，父母提着尼龙袋装着的行李回到家中，因分离得太久，童月便与父母生分了起来，只是靠在奶奶的怀里，怯怯地望着眼前的大人，甚至连一声“爸妈”都没有叫出口。

大年三十刚过，父母提着行李匆忙离去，留下的只是两个瘦弱的背影，以及压在席子底下那些为数不多的钞票。

童月慢慢长大，也逐渐习惯了灰色调的日子。她从不怨恨自己的父母，也很少羡慕有着崭新铅笔盒、穿着粉红色公主裙的同学。毕竟，无论怎样，她都无法回避眼前的生活。

年纪幼小的她，并不懂得什么大道理，却知道越是开心，身边的朋友也就越多。因而，即便头上顶着乌云，她仍是开朗的性子。上学时和同学玩老鹰捉小鸡，放学后坐在板凳上和奶奶一起择菜，吃完饭后趁着天还未黑就和村里的小伙伴到河边玩一圈，玩得满头大汗才回家。

一晃就是五六年。这对于这个贫穷而闭塞的村庄而言，无足轻重。然而，在这五六年里，奶奶越来越老，童月越长越大。

进入青春期的女孩子，身体在悄悄苏醒发育，心思也变得难以琢磨。

在一个微弱阳光穿透云层的午后，童月世界里的梅雨忽然间停了。窗台上生了厚厚的苔藓，奶奶几次叫童月将它们除掉，童月却觉得那些绿茸茸的苔藓是如此美丽而浪漫，所以一再推托。就连庭院里的落叶，她也舍不得扫掉，而是捡起几枚好看的，晒到阳光底下，等晒干后再夹到日记本里。

奶奶自知老了，弄不清孩子的心思，也就任由童月做自己喜欢的事情，只要她的功课不落下就好。奶奶并不知道，童月偷偷喜欢上了与自家隔着几条路的沈奕。

他们自小学开始便在一个班级，一起做所有的事情。春秋两季飞不高的风筝、夏天野地里的蛐蛐，以及冬天永远不会缺席的雪人，都是他们生活中不可缺少的记忆。年幼无知，童月并不知什么是喜欢、什么是爱情，只觉得整天追着沈奕满世界跑就很快乐。

上初中后，他们仍是同桌。童月的梦里，开始频频出现沈奕的影子，虽然模糊不清，但她知道那就是他。醒来后，她早已记不清梦中情节，却清楚地感知到自己急促的呼吸，以及想要立即见到沈奕的愿望。所以，她起床后匆匆扒拉几口饭，背上书包就跑到他家门口等他。因为去得太早，沈奕通常是刚从被窝里爬起来。她就站在他的卧室外，看他睁着惺忪的睡眼刷牙、洗脸、梳头、吃饭。

在上学的路上，天逐渐发亮，他也慢慢清醒过来，假装恼怒地抱怨她起床太早，害得自己睡眠不足。她却因了喜欢，不再像以前那样开玩笑，只是随口说怕迟到。

像所有初尝暗恋滋味的人一样，童月带锁的日记本里，夹着雨后飘零在地上的落叶，强说清愁的短句，以及边边角角处勾画的沈奕的名字。

平日里小打小闹，看到对方向自己扮个怪脸就忍不住笑一天。她像老师那样时时督促着他，也不止一次借给他半块橡皮。做值日时，自己擦黑板、拖地、扔垃圾，而他总是趴在桌子上吹着不成调的口哨。她从来不觉得吃亏，反而快乐得不知所以。

太阳上山，太阳下山，又是一天。

在那个荒草蔓延、情愫暗生的年代，总要在单调的日子里扔几枚石子，这样生活才不至于太过无聊。

因而，不知是哪个同学趁着老师不在，便拿起彩色粉笔在黑板上写下：童月喜欢沈奕。打闹的同学顿时欢呼起来，大声喊着：童月喜欢沈奕，童月喜欢沈奕。

暗恋这件事，最怕起哄，最怕被看穿。童月自知对沈奕的喜欢早已在心里百转千回，却从不敢轻举妄动。倒不是害怕被拒绝，而是她怕说出来之后这份喜欢就失去了完整性。偷偷将这些情愫都写进日记里，她觉得这样安全，美丽和忧伤都可由自己掌控。

当同学们肆意起哄时，童月用余光瞥到了沈奕略带得意的脸。毕竟那时被异性喜欢，是一件值得自豪的事情。于是，在羞涩与恼怒情绪的支配下，她起身走到讲台上，将“童月喜欢沈奕”那几个字，用力擦干净。

上课铃声响起，童月第一次在课上走神。

有些事情，怎么藏也藏不住。

那天，她做完值日，叫醒趴在桌子上睡着的沈奕，准备一起回家。沈奕忽然走到在墙角放拖把的童月面前，一脸笑意地问道：喂，他们都说你喜欢我，是不是真的？

童月被堵在墙角，不愿否认，却也不想承认，所做的只能是低头沉默。

沉默许久之后，沈奕脸上的笑容逐渐谢落，而后转过身去座位上拿书包。在他即将走出教室时，她忽然大声地说：是。

在她的记忆中，那一天的晚霞格外好看。

作家里则林说过：“决定去做一件事，或是去养成一个习惯，甚至是去爱一个人；开始这些事情最好的时机，一般都是——此时此刻。”

然而，并不是所有人都懂得这个道理。

童月每时每刻都爱着，而且这份爱随着岁月渐深，越发厚重。而沈奕在这份已经挑明的爱情中，做着恰到好处的回应，不彻底拒绝，也不全然答应，只是保持着不远不近的距离，享受着对方递过来的温暖。

这样暧昧不明的姿态，虽隐隐引逗着她心中尚未熄灭的希望，却也让她难过。

说到底，他不够爱她。

时间就这样忽快忽慢地过去，上高中，上大学，联系忽断忽续。及至大学毕业，他们彻底不再来往。这份爱情也终究因一个人的放逐，而画上了句号。

童月来到父母打工的城市，找了一份安稳的工作。到了结婚的年纪，恰好出现一个适合一起过日子的人，便由父母张罗着办了喜事。

婚后的日子，时有连绵梅雨，时有明媚阳光，喜怒哀乐一样不缺，锅碗瓢盆相互碰撞，她觉得安心满足。

后来，童月的父母回了一趟老家，邻居前来串门拉起了闲话。

她父母才知道，和童月一起玩到大的沈奕仍单着，不交女朋友，也拒绝家人介绍。开始他的父母不知是哪里出了问题，后来才明白，他爱的人是童月。

早些年，童月家境贫寒，他的父母允许他们一起玩耍，却坚决不同意他们恋爱。山村里闭塞，父母为大，沈奕不敢违背父母的意愿，因而只能与童月保持着刚刚好的距离。

有人说过，一切借口均属废话，都是用于掩饰不愿牺牲。确实如此。沈奕不愿付出代价，所以从未为这段爱情争取过。如今的一意孤行，已经太迟。

童月的父母回到打工的城市后，看着女儿在热腾腾的日子里奔忙着，心里感到无限安慰，绝口不提在老家听来的事情。

何必说呢，生活总是要继续的，当初他们各自做出了选择，哪有反悔这一说。

旧爱已无须再提，提了徒增伤感。朝花也不必再捡，已成枯萎之状。

忽然想起不知从哪里看到的话：

我看到秋风吹起来。
我看到花儿都落了。
我看到月光覆流水，
我知道已经错过了。